HACIENDO LAS OBRAS DE JESÚS

HACIENDO LAS OBRAS DE JESÚS

LIBRO 1

CONVIRTIÉNDOSE EN UN DISCÍPULO QUE AMA

ALAN DRAKE

SPIRIT OF WISDOM PUBLICATIONS

DALLAS, TEXAS

ISBN-10: 0-9898509-2-7
ISBN-13: 978-0-9898509-2-6
Library of Congress Control Number: 2014912324

A mis padres

Zane y Shirley Drake

Índice

Introducción
¿De qué se trata todo esto?

Se trata de aprender maneras prácticas de demostrar el poder y el amor de Jesucristo a aquellas personas con las que tenemos contacto día a día.

Se trata de traer la realidad de Cristo a nuestras vidas diarias.

Se trata de vivir una vida de poder y amor cada día.

Se trata de aprender a andar conforme al Espíritu momento a momento.

Se trata de ser completamente transformado en la persona que Dios ha planificado que usted sea y de vivir la vida abundante que Dios desea que usted viva.

Se trata de que nos convirtamos en una Iglesia que demuestre la realidad de Cristo a un mundo que perece ¡y que necesita ver pruebas!

Se trata de aprender a hacer las obras de Jesús (Juan 14:12).

> «El que dice que permanece en él, debe andar como él anduvo» 1 Juan 2:6 (RVR 1960)

Capítulo 1
El siguiente paso

El ministerio es para todos los creyentes

Tal vez usted y yo tengamos esto en común. Yo no trabajo a 'tiempo completo' en el ministerio, no tengo a mi cargo una organización sin fines de lucro y he desempeñado trabajos seculares por más de veinticinco años. Actualmente, no tengo un título oficial en el ministerio ni ocupo un puesto en mi iglesia local, pero soy ministro de Jesucristo.

Durante los últimos años he sentido la necesidad de entender y obtener la promesa que se encuentra en Juan 14:12. En ese pasaje Jesús hace esta increíble declaración: «De cierto, de cierto os digo: El que en mí cree, las obras que yo hago, él las hará también; y aun mayores hará, porque yo voy al Padre» (RVR 1960). Jesús no presentó esto como una simple posibilidad, ¡es una *promesa*! Si el creyente cumple con el requisito de la fe, Jesús le promete que *hará* las obras de Jesús, ¡y aun mayores *hará*!

Esta promesa no es solamente para los líderes de la iglesia, es para *todos* los creyentes. Cuando Jesús hizo esta promesa no la limitó a líderes de la iglesia. De hecho, cuando Él dijo esto ¡no había líderes religiosos presentes! Puede que los líderes de su iglesia experimenten, o nunca experimenten, el máximo potencial de esta promesa, ¡pero no permita que eso lo detenga! Usted no necesita esperar por los líderes de su iglesia para asumir su propio desafío y comenzar a 'hacer las obras de Jesús'. Si este deseo late en su corazón al igual que en el mío, ¡adelante! Recuerde que cuando llegó el momento en el que Jesús elegiría a los doce apóstoles encargados de llevar a cabo Su ministerio después de Su partida, Jesús no eligió a líderes religiosos. Jesús ignoró las 'Escuelas bíblicas' de aquel tiempo y eligió a personas comunes y corrientes, y las preparó para hacer cosas extraordinarias.

Es importante que recordemos que en ningún momento se pretendió que el pastor hiciera todo el trabajo del ministerio. En Efesios 4:12 (LBLA), Pablo nos enseña que cuando Jesús dio apóstoles, profetas, evangelistas, pastores y maestros a la Iglesia, lo hizo «a fin de capacitar a los santos para la obra del ministerio, para la edificación del cuerpo de Cristo».

La Iglesia se describe como el Cuerpo de Cristo, conformada de muchos miembros. Todos tenemos funciones únicas y esenciales que desempeñar. Cada uno de nosotros tiene un papel fundamental que cumplir.

En sus cartas a las siete iglesias en el libro de Apocalipsis, capítulos 2 y 3, Jesús inició con mensajes específicamente dirigidos a todos los miembros de la iglesia, pero al final de cada mensaje dio una invitación especial que prometía una recompensa maravillosa, no a toda la iglesia, pero a aquel individuo que se aparta del resto y acepta el desafío de Jesús de ser un vencedor. En esos mensajes, Jesús parece dar a entender que no todos los miembros de la iglesia aceptarán el desafío. Se dirige solamente a aquellos que desean más, a aquellos que no están satisfechos con lo ordinario y que están dispuestos a hacer cualquier sacrificio para vencer y obtener la extraordinaria recompensa final.

¿Acepta usted el desafío que Jesús le presenta? ¿Acepta dejar lo ordinario atrás y en su lugar elegir vencer cualquier obstáculo que se interponga en su camino y obtener el extraordinario premio, haciendo las obras de Jesús, e incluso obras más grandes?

¿Qué puedo esperar obtener de esto?

Aquí la meta *no* es prepararlo para que ocupe una posición en el organigrama de la iglesia. La meta es ayudarle a que cumpla el deseo que Dios ya ha puesto en su corazón hacia el ministerio.

Usted tiene un llamado de Dios en su vida. Una de las metas de este libro es ayudar a prepararlo a descubrir y cumplir el propósito que Dios tiene para su vida y a aprender más sobre quién realmente es en Cristo.

Este libro ofrece herramientas prácticas que pueden ayudarle a liberar su potencial para hacer las obras de Jesús, tal como Él prometió que lo haría (Juan 14:12), y a cumplir con el mandamiento de Jesús de amarnos los unos a los otros, así como Él nos ha amado (Juan 15:12).

A medida que cada uno de nosotros se convierta en un discípulo que realmente ama a Jesús y al prójimo, y lo demuestre de manera diaria, la Iglesia será transformada. Nos convertiremos en una Iglesia que verdaderamente es luz para la ciudad, la nación y el mundo.

A medida que aprendamos a enfocarnos en dar para las necesidades de los demás, en lugar de solamente obtener bendiciones para nosotros mismos, nuestras vidas mostrarán a los demás un cristianismo verdadero, y comenzaremos a tomar los primeros pasos para el cumplimiento de la 'Gran Comisión' de ir y hacer discípulos de todas las naciones, enseñándoles a guardar todo lo que Jesús nos mandó (Mateo 28:19-20).

Capítulo 2
El Desafío

Los afanes de esta vida

Tal vez usted tenga un deseo profundo de servir a Dios en el ministerio, pero otras necesidades parecieran estar tomando prioridad. ¿Cómo puede involucrarse en ministrar a los demás cuando usted mismo tiene tantas necesidades?

¿Necesita ser sanado?

¿Tiene necesidades financieras serias?

¿Tiene problemas que están destrozando a su familia?

¿Tiene situaciones difíciles en el trabajo?

¿Hay áreas faltantes en su vida?

La respuesta de Dios:

Dios le invita a que deposite toda su ansiedad sobre Él, porque Él cuida de usted (1 Pedro 5:7).

Es natural primero buscar suplir nuestras propias necesidades y las de nuestros familiares, pero Dios nos invita a que hagamos un intercambio. Dios nos invita a que echemos nuestras preocupaciones sobre Él y nos promete cuidar de nosotros mejor de lo que nosotros lo haríamos. A cambio de ello, Él desea que nosotros asumamos Sus intereses, Sus prioridades y que busquemos suplir las necesidades de Su Reino. Este es el mensaje que se encuentra en Mateo 6:25-34.

«Esas cosas dominan el pensamiento de los incrédulos, pero su Padre celestial ya conoce todas sus necesidades. Busquen el Reino de Dios por encima de todo lo demás y lleven una vida justa, y él les dará todo lo que necesiten. Así que no se preocupen por el mañana, porque el día de mañana traerá sus propias preocupaciones. Los problemas del día de hoy son suficientes por hoy.» Mateo 6:32–34 (NTV)

En el primer capítulo de Hageo, Dios nos exhorta a no desatender las necesidades de Su casa. Quizá pensemos que debemos darle prioridad a cubrir nuestras propias necesidades y a cuidar de nuestras propias cosas, de nuestra propia familia. En realidad, cuanto más trabajamos por satisfacer nuestras propias necesidades y deseos, así como la de nuestras familias, con frecuencia nos alejamos aún más de lograrlo. Si realmente consideramos nuestra situación, nos quedamos cortos en proveer para nuestras propias necesidades y deseos, y las de nuestras familias.

Dios nunca nos equipó para hacer eso. Su plan nunca fue nuestra autosuficiencia. Si aceptamos Su oferta e intercambiamos nuestros afanes por los Suyos, Él cuidará de nosotros y de nuestras familias ¡mucho mejor de lo que nosotros podríamos hacerlo!

«Así dice el Señor Todopoderoso: "Este pueblo alega que todavía no es el momento apropiado para ir a reconstruir la casa del Señor."»

También vino esta palabra del Señor por medio del profeta Hageo:

«¿Acaso es el momento apropiado para que ustedes residan en casas techadas mientras que esta casa está en ruinas?»

Así dice ahora el Señor Todopoderoso: «¡Reflexionen sobre su proceder!

Ustedes siembran mucho, pero cosechan poco; comen, pero no quedan satisfechos; beben, pero no llegan a saciarse; se visten, pero no logran abrigarse; y al jornalero se le va su salario como por saco roto.»

Así dice ahora el Señor Todopoderoso: «¡Reflexionen sobre su proceder!

Vayan ustedes a los montes; traigan madera y reconstruyan mi casa. Yo veré su reconstrucción con gusto, y manifestaré mi gloria —dice el Señor—.

Ustedes esperan mucho, pero cosechan poco; lo que almacenan en su casa, yo lo disipo de un soplo. ¿Por qué? ¡Porque mi casa está en ruinas, mientras ustedes sólo se ocupan de la suya! —afirma el Señor Todopoderoso—.

Por eso, por culpa de ustedes, los cielos retuvieron el rocío y la tierra se negó a dar sus productos. Yo hice venir una sequía sobre los campos y las montañas, sobre el trigo y el vino nuevo, sobre el aceite fresco y el fruto de la tierra, sobre los animales y los hombres, y sobre toda la obra de sus manos.» Hageo 1:2–11 (NVI)

El orden divino es que el siervo *primero* sirva al amo. Solo *después* de satisfacer las necesidades del amo, el siervo se sienta para ver por sus propias necesidades.

«¿Quién de vosotros tiene un siervo arando o pastoreando ovejas, y cuando regresa del campo, le dice: "Ven enseguida y siéntate a comer"? ¿No le dirá más bien: "Prepárame algo para cenar, y vístete adecuadamente, y sírveme hasta que haya comido y bebido; y después comerás y beberás tú»? Lucas 17:7–8 (LBLA)

Este fue el orden divino que Jesús guardó.

«Mientras tanto, los discípulos le rogaban, diciendo: Rabí, come. Pero Él les dijo: Yo tengo para comer una comida que vosotros no sabéis. Los discípulos entonces se decían entre sí: ¿Le habrá traído alguien de comer?

Jesús les dijo: Mi comida es hacer la voluntad del que me envió y llevar a cabo su obra.» Juan 4:31–34 (LBLA)

Cuando Jesús estaba en el desierto, el enemigo lo tentó a ceder y suplir sus propias necesidades prematuramente (Mateo 4:3), pero Jesús se rehusó. Peligraba una gran victoria para el Reino de Dios. Después de vencer las tentaciones de Satanás y de obtener la victoria, Jesús no solamente comió, sino que además ¡fue atendido por ángeles! Dios cuidó de Él personalmente (Mateo 4:11).

Si usted confía en Dios para sus necesidades personales y busca primero Su Reino, Él honrará eso cubriendo su necesidad. Dios le invita a hacer el intercambio. Si usted se ocupa de lo relacionado a Su Reino, Su Iglesia y Su familia, en retorno, Él cuidará de usted, de su casa y de su familia personalmente.

Alineado con los propósitos del Reino

En julio del 2009, me encontraba en camino a ministrar en Escocia. Llegué a Edimburgo en mi segundo día de viaje. Debido a cambios en mi vuelo, mi equipaje no llegó a Edimburgo cuando yo llegué. El problema era que yo estaba a punto de tomar un autobús hacia San Andrés, a cincuenta millas de distancia (aproximadamente 80 kilómetros), y no regresaría a Edimburgo por una semana. Durante mi conversación con el agente de viajes, este tomó mis datos de alojamiento y me aseguró que recibiría mi equipaje en cuanto llegara. Así que le dí las gracias, subí al siguiente autobús a San Andrés y partí a mi destino.

Un par de horas más tarde, llegué a San Andrés, me registré en mi habitación y luego me fui caminando a la conferencia a la que venía. Cuando regresé a mi cuarto esa noche, mi equipaje aún no había llegado. Al siguiente día, asistí a las sesiones matutinas de la conferencia, usando la misma ropa por un tercer día.

Mientras tanto, mis amistades ofrecieron llevarme a comprar ropa y artículos de aseo personal. No acepté su oferta porque no quería que ellos perdieran parte de la conferencia por llevarme de compras, pero ahora ya estaba más preocupado. Me detuve a orar.

Hasta este momento, no había sido necesario tener mi equipaje, pero al día siguiente iba a comenzar a ministrar a los niños por la mañana y a los adultos por la tarde. En mi oración, presenté mi caso a Dios diciéndole que si no recibía mi equipaje ese día, el trabajo de Su Reino sufriría. Me vería forzado a ministrar a los niños con una barba de tres días, mal aliento (porque no tenía pasta dental) y ropa maloliente y sucia. En mi argumento, expuse que algunos de los niños no responderían a mí en esas condiciones y que incluso podrían tenerme miedo.

Después del almuerzo, regresé a la residencia universitaria donde estaba alojado y fui a la recepción a preguntar si mi equipaje había llegado. La dama que atendía la recepción respondió: «Sí señor Drake. Su equipaje lo espera en su habitación.»

En mi oración, luego de presentar mi caso de que el trabajo del Reino estaba en riesgo, hubo resultados inmediatos. Se podría decir que esto fue una coincidencia oportuna, pero he notado que a medida que busco primero el Reino de Dios y confío en que Él tomará cuidado de suplir mis necesidades, estas 'coincidencias' suceden más constantemente.

Mi Dios suplirá todo lo que os falta

En 1981 tomé unas clases en la Universidad de Arlington, Texas. La mañana de mi examen final de Estadística, hice planes de pasar por la casa de una viuda de escasos recursos y dejarle un poco de dinero antes de irme a clases. Ella estaba pasando por una difícil situación financiera, así que puse un poco de dinero en un sobre y escribí «de Jesús». Manejé a su casa, enganché el sobre en su puerta de tela metálica y me fui en camino a la universidad, la cual se encontraba a 30 minutos.

Después de estacionar mi carro, comencé a caminar hacia mi clase, cuando descubrí horrorizado que había olvidado mi calculadora.

En esta clase de Estadística cada problema involucraba sumar largas columnas de números y realizar varios cálculos con la suma de todos esos números. Sin una calculadora, me vería obligado a sumar todos esos números a mano, lo cual tomaría mucho más tiempo. En ese momento me dí cuenta que no iba a poder terminar el examen dentro del tiempo permitido.

Después de todo el tiempo y esfuerzo que invertí en esa clase, ahora parecía inevitable reprobar el examen final y posiblemente ¡la clase entera!

Mientras pensaba sobre mis opciones, sabía que no tendría suficiente tiempo para manejar de regreso a casa por mi calculadora. Ninguna de las tiendas estaba abierta tan temprano en la mañana, así que no podía comprar otra. No conocía a nadie que viviera en el área que me pudiera traer una calculadora. Parecían no haber opciones disponibles para mí. Entré a la sala de pruebas, resignado a la realidad de que probablemente reprobaría el examen.

Yo era uno de los últimos estudiantes en llegar a la sala de pruebas. Todos los que tomaban el examen se encontraban sentados en mesas redondas y grandes. Quedaban pocos asientos libres. Al tomar asiento en una mesa, miré a mi izquierda y vi con sorpresa que ¡el estudiante a mi izquierda había traído una calculadora extra! No éramos amigos, pero me permitió usar su otra calculadora. Terminé el examen antes que ella, le devolví la calculadora y me fui. Obtuve una 'A' en la clase (la máxima calificación).

¿Para qué traería alguien una calculadora extra a un examen?

Estoy convencido de que debido a que tomé pasos para buscar primero el Reino de Dios y para suplir las necesidades de esta viuda, Dios se aseguró de que mis necesidades estuvieran cubiertas.

> «La religión pura y sin mancha delante de Dios nuestro Padre es ésta: atender a los huérfanos y a las viudas en sus aflicciones, y conservarse limpio de la corrupción del mundo.» Santiago 1:27 (NVI)

Los deseos de nuestro corazón

Un día llegó un folleto por correo a mi oficina. El folleto se trataba de una conferencia de capacitación en Boston. Inmediatamente, me llegó un deseo repentino de viajar.

En la portada del folleto había un foto de la escultura en el jardín público de Boston Common de los patitos dibujados por Robert McCloskey en su libro *Abran paso a los patitos*. Sé exactamente donde se encuentra esa escultura. Si me dejaran en la ciudad de Boston, podría caminar directamente hacia ella. Inmediatamente, esta foto me trajo buenos recuerdos de viajes a Boston y a otras ciudades donde pasé días tratando de ver lo más que podía. Años atrás esa era una de mis actividades favoritas.

Las memorias desencadenadas por la foto del folleto volvieron a despertar en mí el deseo de viajar, de un escape, de tomar un viaje por dos o tres días y simplemente pasar tiempo disfrutando y explorando otra ciudad.

Luego de pensarlo bien, decidí no hacerlo. Decidí deliberadamente «No. En este momento, mi dinero necesita ser invertido en el Reino.» Pero guardé el folleto porque la foto trajo entrañables recuerdos de mis viajes.

A primera hora la siguiente mañana, sonó el teléfono. Era la secretaria de otro departamento cuyo hijo trabajaba para la aerolínea Southwest Airlines. Me dijo que su hijo tenía un pasaje que no iba a usar y quería saber si me gustaría usarlo.

Ella no conocía a ninguna otra persona que pudiera usarlo y el pasaje vencería si no se usaba en los próximos días. Me dijo que podía usarse para cualquier destino de Southwest Airlines.

Le dije que estaría encantado de usarlo y luego me preguntó cuál era el destino de mi elección. Ella realizó búsquedas en el internet y elaboró posibles itinerarios para un viaje de fin de semana a Boston, Chicago o Washington, DC.

Decidí ir a Chicago, porque realmente nunca había pasado mucho tiempo ahí, y ella se encargó de todos los arreglos del pasaje aéreo. También me dijo que, ya que era un vale de la compañía, tendría que volar en lista de espera, así que me aconsejó llevar todo en mi equipaje de mano. Eso presentaba un pequeño problema ya que no tenía una maleta de mano en la que pudiera entrar lo necesario para todo un fin de semana.

Ese día, después del trabajo y ya estando listos todos los arreglos del vuelo, pasé por la casa de mi hermana para ver cómo estaba yendo su venta de garaje. Justo antes de irme, noté algo debajo de una mesa que llamó mi atención.

Mi primo, quien es piloto de Northwest Airlines, había donado dos de sus maletas de mano más viejas a la venta de garaje de mi hermano. ¡Una de ellas era perfecta para lo que necesitaba para mi viaje a Chicago! Nunca hubiera comprado una maleta nueva solo para un viaje de fin de semana, pero esta era perfecta y ¡costó prácticamente nada! Le dí algo de dinero a mi cuñada por la maleta y en menos de un día estaba listo para un viaje de fin de semana a Chicago. Más tarde ese día, reservé un hotel por internet para completar las preparaciones del viaje. Mis únicos gastos fueron el alojamiento, la comida y el estacionamiento en el aeropuerto.

Disfruté plenamente mi tiempo en Chicago. Si yo no hubiera recibido ese pasaje de avión, no hubiera ido, pero creo que el Señor vio el deseo de mi corazón y, en este caso, cuando deliberadamente decidí poner el trabajo del Reino por encima de mis propios deseos, Dios concedió esos deseos.

«Deléitate en el Señor, y él te concederá los deseos de tu corazón.» Salmos 37:4 (NVI)

Póngalo a prueba

«Traed todo el diezmo al alfolí, para que haya alimento en mi casa; y ponedme ahora a prueba en esto —dice el Señor de los ejércitos— si no os abriré las ventanas del cielo, y derramaré para vosotros bendición hasta que sobreabunde. Por vosotros reprenderé al devorador, para que no os destruya los frutos del suelo; ni vuestra vid en el campo será estéril —dice el Señor de los ejércitos. Y todas las naciones os llamarán bienaventurados, porque seréis una tierra de delicias —dice el Señor de los ejércitos.» Malaquías 3:10-12 (LBLA)

En este pasaje de Malaquías, Dios nos invita a ponerlo a prueba con el diezmo y a permitirle probar que Él es fiel para bendecirnos abundantemente en retribución.

Si usted ha aceptado el desafío que Dios le presenta y ha comprobado que Él es fiel con bendecirlo cuando diezma, ¿por qué no confiar en Él también para esto? ¿Por qué no darle la oportunidad de probar que Él es fiel para cuidar de *todas* sus necesidades cuando usted se enfoca en buscar primero el Reino de Dios?

Usted «descubrirá» su verdadera vida

«Luego Jesús dijo a sus discípulos: «Si alguno de ustedes quiere ser mi seguidor, tiene que abandonar su manera egoísta de vivir, tomar su cruz y seguirme.

Si tratas de aferrarte a la vida, la perderás, pero si entregas tu vida por mi causa, la salvarás.

¿Y qué beneficio obtienes si ganas el mundo entero pero pierdes tu propia alma? ¿Hay algo que valga más que tu alma?

Pues el Hijo del Hombre vendrá con sus ángeles en la gloria de su Padre y juzgará a cada persona de acuerdo con sus acciones.» Mateo 16:25-27 (NTV)

«¡Pero *otras* personas no están haciendo lo que *deberían* estar haciendo!»

Esto es completamente cierto, pero, ¿no sería una tragedia que usted permitiera esto como excusa para perderse de todo lo que Dios tiene para *usted*? En lugar de observar a aquellos que están tomando decisiones malas en la vida, podemos encontrar ánimo en la vida de otros, como el apóstol Pablo, que renunciaron a todo para ir en pos de lo mejor de Dios. Podemos animarnos con el ejemplo de aquellos que han simplificado su vida para un solo enfoque: «...olvidando lo que queda atrás y extendiéndome a lo que está delante, prosigo hacia la meta para obtener el premio del supremo llamamiento de Dios en Cristo Jesús.» Filipenses 3:13-14 (LBLA).

«Pero, ¿qué si no me siento calificado?»

¡Bienvenido al club! Estos son unos cuantos de los campeones de Dios que han sido miembros de ese grupo:

- Moisés (Éxodo 3:11)

- Gedeón (Jueces 6:15)

- David (1 Samuel 16:11)

- Jeremías (Jeremías 1:6)

- Pedro (Lucas 5:8)

- ¡Escriba su nombre junto al de otros grandes campeones de Dios!

> «Pero él me dijo: "Te basta con mi gracia, pues mi poder se perfecciona en la debilidad." Por lo tanto, gustosamente haré más bien alarde de mis debilidades, para que permanezca sobre mí el poder de Cristo.» 2 Corintios 12:9 (NVI)

Considere el ejemplo de Eliseo (2 Reyes 13:20-21). Él murió y fue enterrado. ¡Hablando de no estar calificado para un ministerio futuro! ¡No se puede estar menos 'calificado' que el estar muerto! Uno podría creer que al suceder esto el ministerio de Eliseo se habría acabado, pero, ¡espere!

El cadáver de un hombre fue arrojado en la tumba de Eliseo. En cuanto el cuerpo del cadáver tocó los huesos de Eliseo, ¡el hombre recobró la vida y se puso de pie!

¡Eliseo no permitió que el hecho de estar físicamente muerto le impidiera ministrar a los demás! Aunque él no podía levantarse a sí mismo de entre los muertos, ¡él no permitió que eso le impidiera levantar a otro hombre! Ahora, ¿cuál es su excusa?

(Los eruditos de la Biblia tendrán todo tipo de problemas con mi aplicación de la historia de Eliseo. Dejaré que ellos se preocupen de eso. Mi propósito aquí es el de animarle a que comience a hacer las obras de Jesús, aun si no se siente calificado.

Existen aquellos que pasan su vida entera solamente *estudiando* la Palabra de Dios, y luego están aquellos que se *convierten* en la palabra viviente de Dios, buscando alcanzar a cada persona con quien tienen contacto para demostración del poder y amor de Dios.

Mi oración es que usted se una al segundo grupo).

«Ustedes mismos son nuestra carta, escrita en nuestro corazón, conocida y leída por todos. Es evidente que ustedes son una carta de Cristo, expedida por nosotros, escrita no con tinta sino con el Espíritu del Dios viviente; no en tablas de piedra sino en tablas de carne, en los corazones.» 2 Corintios 3:2-3 (NVI)

CAPÍTULO 3
PASOS HACIA LA MADUREZ

Así que...¿por dónde comenzar?

¿Por dónde comenzar? ¿Qué modelo debemos buscar seguir para el ministerio? Creo que esto lo podremos encontrar en Juan 14:12 (RVR 1960):

> «De cierto, de cierto os digo: El que en mí cree, las obras que yo hago, él las hará también...»

De hecho, este es solamente un *punto de partida* para nosotros. La promesa de Jesús es que comenzaremos aquí y luego pasaremos a experimentar cosas 'aun mayores'. Veamos el ministerio de Jesús como un punto de partida.

Ayudante de Jesús

Tiene sentido ¿verdad? Si hemos sido destinados a ser la esposa de Cristo, ¿no deberíamos comenzar a actuar como la 'ayudante' que nuestro Señor necesita a Su lado, uniéndonos a Él en Su trabajo? Sería una tragedia que desperdiciáramos el tiempo que tenemos aquí y llegáramos al final de nuestra vida solo para oír del Señor que no nos conoce. Desafortunadamente, eso será realidad para algunos.

> «Mientras ellas iban a comprar, vino el novio, y las que estaban preparadas entraron con él al banquete de bodas, y se cerró la puerta. Después vinieron

también las otras vírgenes, diciendo: 'Señor, señor, ábrenos.' Pero él respondió: 'En verdad les digo que no las conozco.'» Mateo 25:10-12 (NBLH)

¿Cómo luce el hacer las obras de Jesús?

Hagamos un repaso de las tres etapas del crecimiento en la vida cristiana. Esto nos dará una idea general de los objetivos de cada una de las tres etapas. Como resultado, tendremos un panorama más claro de las metas finales de un ministerio cristiano maduro.

Fe	Esperanza	Amor

Las 3 etapas de la vida cristiana

Salvación y Supervivencia	Recibiendo la bendición y el poder de Dios	Supliendo la necesidad de los demás

«El mayor de ellos es el amor» 1 Co. 13:13

La primera etapa se caracteriza principalmente por la fe. Por gracia somos salvos por medio de la fe (Efesios 2:8). Cuando recién nacemos de nuevo, espiritualmente nos parecemos mucho a un bebé recién nacido. Somos vulnerables y muy dependientes, pero no tenemos idea de qué necesitamos o de cómo llenar nuestras necesidades espirituales. Pedro abordó esto cuando dijo: «desead, como niños recién nacidos, la leche espiritual no adulterada, para que por ella crezcáis para salvación» 1 Pedro 2:2 (RVR 1960). Dependemos de Dios y de líderes cristianos maduros para ayudar a protegernos, alimentarnos y guiar nuestro crecimiento.

La segunda etapa de la madurez se caracteriza por la esperanza. No dejamos la fe atrás. Fortalecemos nuestra fe y crecemos en esperanza, aprendiendo a creer en las promesas de Dios y desarrollando valentía mientras somos preparados para cumplir nuestro destino futuro.

«"Porque yo sé los planes que tengo para vosotros" —declara el Señor— "planes de bienestar y no de calamidad, para daros un futuro y una esperanza".» Jeremías 29:11 (LBLA)

La etapa final de la madurez se caracteriza por el amor. Las primeras dos etapas de crecimiento del creyente involucran recibir, recibir y seguir recibiendo. Recibir provisión para nuestras necesidades. Recibir bendiciones. Recibir poder. Recibir capacitación. Recibir corrección. La tercera etapa cambia el enfoque por completo. Se trata completamente de dar. Dar para cubrir las necesidades de otros. El recibir no se detiene, pero ahora queda relegado a un segundo plano por un mayor enfoque en dar. La tercera etapa se parece mucho a ser padre de familia. De hecho, es así como Juan describe esta tercera etapa de madurez.

Cuando él habla a los creyentes en esta etapa de madurez, se refiere a ellos como 'padres'.

> «Os escribo a vosotros, padres, porque conocéis al que ha sido desde el principio. Os escribo a vosotros, jóvenes, porque habéis vencido al maligno. Os he escrito a vosotros, niños, porque conocéis al Padre.» (1 Juan 2:12-14)

Por supuesto que en Cristo no hay hombre ni mujer (Gálatas 3:28), así que los términos masculinos que Juan usa aquí, hablan de una verdad espiritual en lugar de una verdad física. Los jóvenes *espirituales* y los padres *espirituales* pueden ser hombre o mujer *físicamente*.

Fe │ Esperanza │ Amor

Las 3 etapas de la vida cristiana
1 Juan 2:12-14

Niños	Jóvenes	Padres
		1 Co. 4:15
		Mal. 4:6

«El mayor de ellos es el amor» 1 Co. 13:13

Como Juan lo indica, los niños apenas están tomando conciencia de Dios. Recién empiezan a reconocerlo. Han recibido la salvación por gracia por medio de la fe y recién comienzan sus vidas espirituales.

Los jóvenes han crecido más allá de la etapa de la niñez. Ellos son «fortalecidos con poder por su Espíritu en el hombre interior» (Efesios 3:16). Están aprendiendo mucho a medida que se someten a las autoridades y a maestros espirituales (Gálatas 4:1–2), y tienen cierto éxito venciendo el pecado y el mal (Lucas 10:17).

Pero la meta de Dios para cada uno de nosotros es llegar a ser un padre espiritual maduro. *(Recuerde, en Cristo no hay hombre ni mujer)*. El enfoque principal de los padres deja de ser sus propias necesidades, intereses y planes. Ellos encuentran su propósito y satisfacción en suplir las necesidades de los demás. Job fue ese tipo de hombre. Dios honró a Job en gran manera, diciendo que no había nadie como él en todo el mundo. ¿Y cómo se describió Job a sí mismo?

«Padre era para los necesitados, Y examinaba la causa que no conocía.» Job 29:16 (NBLH)

Estas tres etapas de la madurez son identificables en la vida de Abraham mientras crecía de una vida caracterizada por la fe, a una de esperanza que esperaba en el cumplimiento de la promesa de Dios, hasta llegar a la vida de un padre, caracterizada por el amor y las dádivas.

Fe	Esperanza	Amor

Las 3 etapas en la vida de Abraham

Creer en la promesa de Dios	Buscar el cumplimiento de la promesa	Devolver el hijo prometido a Dios

«El mayor de ellos es el amor» 1 Co. 13:13

Pero el mayor ejemplo de estas tres etapas de crecimiento se puede observar en la vida de Jesús, nuestro ejemplo supremo. Él nació para ser nuestro Mesías, el Salvador de toda la humanidad. Simeón y Ana reconocieron esto cuando Jesús era tan solo un bebé en el templo (Lucas 2:21-38). A Jesús le tomó treinta años de preparación hasta alcanzar la madurez y finalmente estar listo para cumplir el llamado en Su vida. Durante ese tiempo, se sujetó a sus padres (Lucas 2:51), aprendió obediencia (Hebreos 5:8) y se fortaleció (Lucas 2:40). Al alcanzar plena madurez, dedicó Su vida a servir a los demás, a suplir sus necesidades y a dar Su vida para que otros pudieran encontrarla.

Fe | Esperanza | Amor

Las 3 etapas en la vida de Jesús

Nació con increíbles promesas que cumplir	Creció y se fortaleció, creció en sabiduría, en estatura y en gracia para con Dios y los hombres. Lucas 2:40, 52	«...el Hijo del Hombre no vino para ser servido, sino para servir, y para dar su vida en rescate por muchos» Marcos 10:45

«El mayor de ellos es el amor» 1 Co. 13:13

En pocas palabras, *eso* es lo que significa 'hacer las obras de Jesús': vivir una vida enfocada en servir a los demás, en suplir sus necesidades y en dar nuestras vidas para que ellos puedan hallar Vida, «y para que la tengan en abundancia.» Juan 10:10 (RVR 1960). La meta de Dios en la vida de cada creyente es llevarnos a ese nivel de madurez. *Usted está listo* para escuchar este llamado a la madurez, aun si no siente que lo está.

Dios lo está llamando, busca persuadirlo, a subir a este nivel de madurez.

«No mirando cada uno por lo suyo propio, sino cada cual también por lo de los otros.» Filipenses 2:4 (RVR 1960)

«Sobrellevad los unos las cargas de los otros, y cumplid así la ley de Cristo.» Gálatas 6:2 (RVR 1960)

¿Está dispuesto a hacerlo?

Capítulo 4
Fuera de los muros de la iglesia

A medida que comenzamos a examinar el ministerio de Jesús, es extraordinario descubrir que la mayoría de los eventos significativos en el ministerio de Jesús sucedieron fuera de las reuniones de la 'iglesia' de aquellos días (reuniones en las sinagogas y en el templo).

En contraste, para la mayoría de los cristianos de nuestro tiempo, el enfoque de nuestra actividad espiritual son las reuniones de la iglesia. Nuestra vida espiritual con frecuencia gira en torno a las reuniones de la iglesia. Estas reuniones a menudo son nuestra fuente de estabilidad y de fundamento espiritual.

Quizá debamos reconsiderar ese paradigma, porque Jesús no pareció centrar Su ministerio, o su relación con el Padre, en las reuniones de la 'iglesia'. Los actos más significativos de Su ministerio tuvieron lugar fuera de las reuniones de la iglesia:

- Jesús no estaba en la 'iglesia' cuando escogió a sus discípulos.

- El ministerio de milagros de Jesús no empezó en una reunión de la 'iglesia'.

- Jesús sanó a muchas más personas fuera de las reuniones de la 'iglesia' que dentro de ellas.

• Los mejores sermones y los milagros más impactantes de Jesús sucedieron fuera de la 'iglesia'.

Si los eventos escritos sobre el ministerio de Jesús se hubieran limitado a los que ocurrieron dentro de reuniones de la 'iglesia', habría muy pocas sanidades y milagros descritos en los evangelios. Su ministerio luciría muy distinto, y, realmente, no muy impresionante para el Hijo de Dios y Salvador de toda la humanidad. Solo cuando uno observa lo que Jesús hizo *fuera* de las reuniones tradicionales de la 'iglesia', se puede apreciar la verdadera esencia de Su ministerio, y ver la vida a la que nosotros también hemos sido llamados.

Eventos en el ministerio de Jesús

En las siguientes páginas, he listado los eventos significativos del ministerio de Jesús y los he organizado en dos grupos: aquellos que ocurrieron en las sinagogas y en el templo, y aquellos que ocurrieron fuera de las 'reuniones de la iglesia' tradicionales de aquel tiempo. La lista no abarca todo ni está en perfecto orden cronológico, pero, el propósito de esta lista es ilustrar el hecho de que *la gran mayoría de los eventos significativos del ministerio de Jesús sucedieron fuera de las 'reuniones de la iglesia'.*

El contexto de algunos de los eventos en las Escrituras no es claro, así que puede que esos eventos aparezcan en ambas columnas marcados con un '?'. Por ejemplo, durante algunos de los banquetes, puede que los eventos haya o no haya sucedido en una reunión en el templo.

Fuera de la 'Iglesia'	En la 'Iglesia'
• Bautizado por Juan—Mt. 3, Mr. 1, Lc. 3	
• La tentación—Mt. 4, Mr. 1, Lc. 4	
• Andrés cree—Jn. 1	
• Jesús conoce a Pedro—Jn. 1	
• Jesús llama a Felipe—Jn. 1	
• Natanael cree—Jn. 1	
• Primer milagro en las bodas de Caná—Jn. 2	
	• Jesús purifica el templo—Jn. 2
• Milagros en la Pascua (?)—Jn. 2	• Milagros en la Pascua (?)—Jn. 2
• Nicodemo visita a Jesús—Jn. 3	
• Los discípulos bautizan en Judea—Jn. 3	
• La mujer en el pozo—Jn. 4	
• Muchos samaritanos creen—Jn. 4	
• Los galileos reciben a Jesús—Jn. 4	
• Curación del hijo de un noble—Jn. 4	
	• Jesús enseña en las sinagogas (Galilea)—Lc. 4
	• Jesús lee Isaías 61 (Nazaret)—Lc. 4
	• La gente trata de matar a Jesús—Lc. 4
	• Jesús enseña en Capernaum—Mt. 4, Mr. 1, Lc. 4

FUERA DE LA 'IGLESIA'	EN LA 'IGLESIA'
	• Expulsión de un espíritu inmundo—Mr. 1, Lc. 4
• Jesús sana a la suegra de Pedro—Mt. 8, Mr. 1, Lc. 5	
• Demonios echados fuera; sanidad de muchos—Mt. 8, Mr. 1, Lc. 4	
• Jesús va a un lugar solitario—Mr. 1, Lc. 4	
• La gente sigue a Jesús; procuran que no se vaya— Mr. 1, Lc. 4	
	• Jesús predica; echa fuera demonios—Mr. 1, Lc. 4
• Jesús enseña desde la barca de Pedro—Lc. 5	
• La gran pesca de Pedro— Lc. 5	
• Pedro, Andrés, Santiago, Juan siguen a Jesús—Mt. 4, Mr. 1, Lc. 5	
• Jesús sana a un leproso— Mt. 8, Mr. 1, Lc. 5	
• La fama de Jesús se extiende; le siguen grandes multitudes; todo tipo de dolencias sanadas—Mt. 4	• Jesús enseña en las sinagogas—Mt. 4
	• Jesús predica el evangelio, sanando toda enfermedad y dolencia (?)—Mt. 4, Lc. 5
• Jesús se aparta y ora—Lc. 5	
• Jesús sana a hombre que bajan en camilla a través del techo—Mt. 9, Mr. 2, Lc. 5	

Fuera de la 'Iglesia'	En la 'Iglesia'
• Jesús enseña desde la orilla del mar—Mr. 2	
• Jesús llama a Mateo—Mt. 9, Mr. 2, Lc. 5	
• Jesús come con pecadores—Mt. 9, Mr. 2, Lc. 5	
• Sanidad del hombre en el estanque de Betesda—Jn. 5	
• Los discípulos de Jesús recogen espigas en el día de reposo—Mt. 12, Mr. 2, Lc. 6	
	• Jesús enseña en la sinagoga; sana a hombre con mano seca—Mt. 12, Mr. 3, Lc. 6
	• Los fariseos traman cómo matar a Jesús—Mt. 12:14, Mr. 3:6, Lc. 6:11
• Jesús se aparta; sana a todos los que vienen a Él—Mt. 12, Mr. 3	
• Jesús sana a hombre ciego y mudo—Mt. 12, Lc. 11	
• Jesús es acusado de echar fuera demonios por Beelzebú—Mt. 12, Mr. 3, Lc. 11	
• Jesús profetiza sobre la señal de Jonás—Mt. 12	
• Jesús describe espíritus inmundos que se echan fuera—Mt. 12	
• Jesús va al monte; pasa la noche orando—Mr. 3, Lc. 6	

Fuera de la 'Iglesia'	En la 'Iglesia'
• Jesús elige a los doce apóstoles—Mr. 3; Lc. 6	
• Jesús llega a un lugar llano; sana a todos los que vienen a Él—Lc. 6	
• El Sermón del monte—Mt. 5–7, Lc. 6	
• Jesús sana al siervo de un centurión—Mt. 8, Lc. 7	
• Jesús resucita al hijo de una viuda—Lc. 7	
• Juan el Bautista hace preguntas a Jesús—Mt. 11, Lc. 7	
• Jesús habla a la gente sobre Juan el Bautista—Mt. 11, Lc. 7	
• Jesús denuncia ayes sobre ciudades no arrepentidas—Mt. 11	
• Jesús invita a todos los que estén cansados a venir a Él—Mt. 11	
• Jesús recorre todos los pueblos y aldeas con los doce, anunciando las buenas nuevas del Reino, y sanando toda enfermedad y toda dolencia—Mt. 9, Mr. 6, Lc. 8	• Jesús enseña en las sinagogas—Mt. 9, Mr. 6
• Jesús habla en parábolas—Mt. 13, Mr. 4, Lc. 8	

Fuera de la 'Iglesia'	En la 'Iglesia'
• Jesús declara quiénes verdaderamente son Su madre y Sus hermanos— Mt. 12, Mr. 3, Lc. 8	
	• Jesús enseña en la sinagoga de Nazaret, pero no puede hacer ningún milagro ahí— Mt. 13, Mr. 6
• Jesús habla sobre no tener dónde recostar Su cabeza y sobre dejar que los muertos entierren a sus muertos— Mt. 8	
• Jesús calma la tempestad— Mt. 8, Mr. 4, Lc. 8	
• Hombre gadareno es liberado de legión de demonios—Mt. 8, Mr. 5, Lc. 8	
• Jesús regresa por barca; la gente le recibe con gozo— Mr. 5, Lc. 8	
• Jesús resucita a la hija de Jairo—Mt. 9, Mr. 5, Lc. 8	
• Mujer que padecía de flujo de sangre es sanada tras tocar el borde del manto de Jesús—Mt. 9, Mr. 5, Lc. 8	
• Curación de dos ciegos que seguían a Jesús—Mt. 9	

Fuera de la 'Iglesia'	En la 'Iglesia'
• Jesús da a los doce discípulos autoridad para expulsar a los espíritus malignos y sanar toda enfermedad y toda dolencia. Los envía a predicar el Reino de los cielos y a sanar a los enfermos—Mt. 10, Mr. 6, Lc. 9 • Jesús se apartó con los apóstoles a un lugar desierto—Mt. 14, Mr. 6, Lc. 9, Jn. 6 • Jesús habla a la gente del Reino de Dios, y sana a los que lo necesitaban—Mt. 14, Mr. 6, Lc. 9, Jn. 6 • Jesús alimenta a los cinco mil—Mt. 14, Mr. 6, Lc. 9, Jn. 6 • La gente quiere hacer a Jesús, rey; Jesús hizo que los discípulos cruzaran al otro lado del lago. Él despide la multitud y sube al monte a orar—Mt. 14, Mr. 6, Jn. 6 • Jesús camina sobre el agua—Mt. 14, Mr. 6, Jn. 6	

FUERA DE LA 'IGLESIA'	EN LA 'IGLESIA'
• La gente viene a Jesús in Genesaret trayendo a todos sus enfermos. Todos los que tocaban siquiera el borde de Su manto quedaban sanos. Jesús se declara el pan de vida—Mt. 14, Mr. 6, Jn. 6	
• Los fariseos cuestionan a Jesús sobre quebrantar la tradición y no lavarse las manos—Mt. 15, Mr. 7	
• Sanidad de la hija de una mujer sirofenicia —Mt. 15, Mr. 7	
• Vinieron grandes multitudes trayendo consigo a muchas personas que necesitaban ser sanadas. Jesús las sanó a todas—Mt. 15, Mr. 7, Jn. 7	
• Jesús sana a hombre sordo y tartamudo—Mr. 7	
• Jesús alimenta a los cuatro mil—Mt. 15, Mr. 8	
• Jesús le dice a los discípulos que se cuiden de la levadura de los fariseos y de los saduceos—Mt. 16, Mr. 8	
• Jesús sana a hombre ciego en Betsaida—Mr. 8	
• La confesión de fe de Pedro—Mt. 16, Mr. 8, Lc. 9	

Fuera de la 'Iglesia'	En la 'Iglesia'
• Jesús predice Su sufrimiento, rechazo, muerte y resurrección—Mt. 16, Mr. 8, Lc. 9	
• Pedro reprende a Jesús—Mt. 16, Mr. 8	
• Jesús explica el costo y la recompensa del discipulado—Mt. 16, Mr. 8, Lc. 9	
• La transfiguración de Jesús—Mt. 17, Mr. 9, Lc. 9	
• Jesús sana a un muchacho epiléptico—Mt. 17, Mr. 9, Lc. 9	
• Jesús vuelve a anunciar que será entregado en manos de los hombres—Mt. 17, Mr. 9, Lc. 9	
• Jesús paga impuesto de la boca de un pez en Capernaúm—Mt. 17	
• Jesús enseña que el más insignificante, ése es el más importante, y que el que no está contra nosotros, está con nosotros—Mr. 9, Lc. 9	
	• Jesús va a la fiesta de los Tabernáculos en Jerusalén—Jn. 7
	• Jesús enseña en el templo—Jn. 7
	• La mujer sorprendida en adulterio—Jn. 8

Fuera de la 'Iglesia'	En la 'Iglesia'
	• Jesús habla con judíos y fariseos en el templo—Jn. 8
	• Los judíos intentan apedrear a Jesús. Jesús se va del templo—Jn. 8
• Jesús sana a un ciego de nacimiento. Los judíos expulsan al hombre de la sinagoga, quien confiesa creer en Jesús como Hijo de Dios—Jn. 9	
• Jesús se declara a sí mismo el Buen Pastor—Jn. 10	
	• Jesús asiste a la fiesta de la Dedicación—Jn. 10
	• Jesús declara que las obras que hace dan testimonio de Él. Jesús y el Padre son uno—Jn. 10
	• Los judíos vuelven a intentar apedrear a Jesús; luego intentan arrestarlo—Jn. 10
• Jesús cruza el río Jordán; muchos de los que estaban allí creyeron en Jesús—Jn. 10	
• Jesús responde a las condiciones que las personas ponen para seguirle—Lc. 9	
• Jesús envía a los setenta y dos a sanar y declarar el Reino de Dios—Lc. 10	

FUERA DE LA 'IGLESIA'	EN LA 'IGLESIA'
• Los setenta y dos regresan con gozo. Reciben toda potestad sobre el enemigo; Jesús se regocija—Lc. 10	
• El buen samaritano—Lc. 10	
• Jesús, María y Marta—Lc. 10	
• Jesús enseña sobre la oración—Lc. 11	
• La gente acusa a Jesús de echar fuera demonios por medio del príncipe de los demonios. Jesús explica lo que sucede cuando se echan fuera demonios—Lc. 11	
• Jesús responde a una mujer, quien bendice el vientre del cual salió y los pechos que le amamantaron—Lc. 11	
• Jesús describe a un generación perversa que demanda una señal y las consecuencias—Lc. 11	
• La luz de una lámpara; la luz del cuerpo—Mr. 4, Lc. 11	
• Jesús come con un fariseo sin haberse lavado las manos y denuncia a los fariseos y a los expertos en la ley—Lc. 11	
• Jesús habla a millares de personas—Lc. 12	

FUERA DE LA 'IGLESIA'	EN LA 'IGLESIA'
• Un hombre le pide a Jesús hablar con su hermano para dividir la herencia—Lc. 12	
• Jesús enseña la parábola del hombre rico: «No se preocupen por su vida; busquen primero el Reino de Dios». Él no vino a traer paz, sino división; disciernan el tiempo. Arréglate con tu adversario no sea que te arrastre ante el juez—Lc. 12	
• Ustedes perecerán, a menos que se arrepientan—Lc. 13	
• Parábola de la higuera estéril—Lc. 13	
	• Jesús sana en la sinagoga en sábado a una mujer que llevaba dieciocho años encorvada—Lc. 13
	• El Reino de Dios es semejante a cultivar una semilla; un grano de mostaza, como levadura escondida en la masa—Mr. 4, Lc. 13
• Continuando Su viaje a Jerusalén, Jesús enseñaba en los pueblos y aldeas por donde pasaba—Lc. 13	

FUERA DE LA 'IGLESIA'	EN LA 'IGLESIA'
• Jesús declara que muchos procurarán entrar, y no podrán—Lc. 13 • Los fariseos advierten a Jesús que salga de ahí o Herodes lo matará—Lc. 13 • Lamento de Jesús sobre Jerusalén—Mt. 23, Lc. 13 • Jesús sana a un hidrópico y justifica sanar en el día de reposo—Lc. 14 • Jesús aconseja sentarse en el último lugar en las fiestas y reuniones. Cuando hagas banquete, no invites a tus amigos, más bien llama a los pobres. Jesús comparte la parábola de los invitados indignos a cenar—Lc. 14 • El precio del discipulado—Lc. 14 • Cuando la sal pierde su sabor—Mr. 9, Lc. 14 • Parábola de la oveja perdida y de la moneda perdida—Lc. 15 • El hijo pródigo—Lc. 15 • Parábola del mayordomo infiel. El que es fiel en lo muy poco, también en lo más es fiel. Ningún siervo puede servir a dos señores—Lc. 16	

FUERA DE LA 'IGLESIA'	EN LA 'IGLESIA'
• La ley y los profetas fueron proclamados hasta Juan—Lc. 16	
• El divorcio, volverse a casar, el adulterio y el celibato—Mt. 19, Mr. 10, Lc. 16	
• El hombre rico y Lázaro—Lc. 16	
• ¡Ay de los que son piedras de tropiezo!—Mt. 18, Mr. 9, Lc. 17	
• Si alguno desea ser el primero, será el último de todos; las consecuencias de hacer pecar a los pequeñitos—Mt. 18, Mr. 9, Lc. 17	
• Parábola de la oveja perdida—Mt. 18	
• Cómo se debe perdonar al hermano—Mt. 18, Lc. 17	
• Parábola del siervo despiadado—Mt. 18	
• La fe como un grano de mostaza—Lc. 17	
• El siervo come después de servirle a su señor—Lc. 17	
• Jesús sale de Galilea y llega a la región de Judea al otro lado del Jordán. Le siguen grandes multitudes y Él los sana allí—Mt. 19, Mr. 10	
• Jesús sana a diez leprosos—Lc. 17	

FUERA DE LA 'IGLESIA'	EN LA 'IGLESIA'
• El Reino de Dios está entre ustedes—Lc. 17	
• Como en los días de Noé y Lot—Lc. 17	
• Parábola de la viuda y el juez injusto—Lc. 18	
• Parábola del fariseo y del recaudador de impuestos—Lc. 18	
• Dejen que los niños vengan a mí—Mt. 19, Mr. 10, Lc. 18	
• El joven rico—Mt. 19, Mr. 10, Lc. 18	
• Parábola de los viñadores—Mt. 20	
• Jesús predice Su sufrimiento y muerte—Mt. 20, Mr. 10, Lc. 18	
• La madre de Santiago y Juan pide que sus hijos se sienten junto a Jesús en Su Reino—Mt. 20, Mr. 10	
• Jesús sana a dos ciegos junto al camino—Mt. 20, Mr. 10, Lc. 18	
• Zaqueo recibe a Jesús—Lc. 19	
• Parábola de los talentos—Mt. 25, Lc. 19	
• Jesús oye que Lázaro está enfermo; resurrección de Lázaro—Jn. 11	

Fuera de la 'Iglesia'	En la 'Iglesia'
• Los judíos conspiran para matar a Jesús. Jesús va a Efraín con los discípulos— Jn. 11	
• Jesús llega a Betfagué y Betania, junto al monte de los Olivos—Mt. 21, Mr. 11, Lc. 19, Jn. 12	
• Cena en honor de Jesús. María unge los pies de Jesús y los seca con sus cabellos—Jn. 12	
• Gran multitud viene a ver a Jesús y a Lázaro. Los principales sacerdotes conspiran para matar a Lázaro—Jn. 12	
• Jesús envía a dos discípulos a traer una burra y un burrito. Jesús entra a Jerusalén montando el burrito—Mt. 21, Mr. 11, Lc. 19, Jn. 12	
• Jesús llora sobre Jerusalén—Lc. 19	
	• Jesús echa a los mercaderes del templo—Mt. 21, Mr. 11, Lc. 19

FUERA DE LA 'IGLESIA'	EN LA 'IGLESIA'
	• Jesús enseña diariamente en el templo; sana a un ciego y a un cojo en el templo; pasa las noches en el monte de los Olivos. Todo el pueblo va temprano al templo a escuchar a Jesús—Mt. 21, Mr. 11, Lc. 19, 21
• La higuera se seca—Mt. 21, Mr. 11	
	• Los líderes religiosos cuestionan la autoridad de Jesús—Mt. 21, Mr. 11, Lc. 20
	• Parábola de los dos hijos—Mt. 21
	• Parábola de los labradores malvados—Mt 21., Mr. 12, Lc. 20
	• La piedra angular—Mt. 21, Mr. 12, Lc. 20
	• Los líderes religiosos buscan la manera de arrestar a Jesús—Mt. 21, Mr. 12, Lc. 20
	• Parábola del banquete de bodas—Mt. 22
	• El pago del impuesto al César—Mt. 22, Mr. 12, Lc. 20
	• Los saduceos cuestionan la resurrección—Mt. 22, Mr. 12, Lc. 20

Fuera de la 'Iglesia'	En la 'Iglesia'
	• El gran mandamiento—Mt. 22, Mr. 12
	• ¿Cómo es que Cristo es hijo de David?—Mt. 22, Mr. 12, Lc. 20
	• Jesús denuncia a los escribas; ayes contra los escribas y fariseos—Mt. 23, Mr. 12, Lc. 20
	• La ofrenda de la viuda—Mr. 12, Lc. 21
	• Los griegos buscan a Jesús—Jn. 12
• Eventos futuros para Israel, la Iglesia y el mundo—Mt. 24, Mr. 13, Lc. 21	
• Parábola de las diez vírgenes—Mt. 25	
• La separación de ovejas y cabras—Mt. 25	
• Jesús anuncia Su crucifixión a sus discípulos durante la Pascua—Mt. 26	
	• Judas conspira con los principales sacerdotes y los ancianos para traicionar a Jesús—Mt. 26, Mr. 14, Lc. 22
• Jesús declara: «Ha llegado la hora para que el Hijo del Hombre sea glorificado» y «El que cree en mí, no cree en mí, sino en el que me envió»—Jn. 12	

Fuera de la 'Iglesia'	En la 'Iglesia'
• La última cena—Mt. 26, Mr. 14, Lc. 22	
• Jesús lava los pies de sus discípulos—Jn. 13	
• Jesús identifica al traidor—Mt. 26, Mr. 14, Lc. 22, Jn. 13	
• Jesús responde al altercado de los discípulos sobre quién de ellos sería el mayor—Lc. 22	
• Jesús da un mandamiento nuevo—Jn. 13	
• Jesús profetiza el abandono de sus discípulos. La traición de Pedro; después que haya resucitado, irá delante de ellos a Galilea—Mt. 26, Mr. 14, Lc. 22, Jn. 13	
• Jesús consuela a sus discípulos—Jn. 14–16	
• Jesús ora al Padre—Jn. 17	
• Jesús le dice a los discípulos que lleven provisiones y espada—Lc. 22	
• Jesús y los discípulos cantan un himno—Mt. 26, Mr. 14	
• Jesús ora en Getsemaní—Mt. 26, Mr. 14, Lc. 22, Jn. 18	

Fuera de la 'Iglesia'	En la 'Iglesia'
• La traición y arresto de Jesús; oreja de sumo sacerdote es cortada, Jesús lo sana—Mt. 26, Mr. 14, Lc. 22, Jn. 18	
	• Jesús ante el concilio (religioso)—Mt. 26, Mr. 14, Lc. 22, Jn. 18 • La negación de Pedro—Mt. 26:69, Mr. 14:66, Lc. 22:55, Jn. 18:15
• El juicio de Jesús (legal)— Mt. 27, Mr. 15, Lc. 23, Jn. 18–19 • Los soldados se burlan de Jesús—Mt. 27, Mr. 15 • El camino a Gólgota—Mt. 27, Mr. 15, Lc. 23, Jn. 19 • Jesús es crucificado—Mt. 27, Mr. 15, Lc. 23, Jn. 19 • Jesús es sepultado—Mt. 27, Mr. 15, Lc. 23, Jn. 19 • El sepulcro vacío y el Cristo resucitado—Mt. 28, Mr. 16, Lc. 24, Jn. 20 • Jesús se aparece a las mujeres—Mt. 28, Mr. 16, Jn. 20 • Jesús se encuentra con dos discípulos en el camino a Emaús—Mr. 16, Lc. 24 • Jesús se aparece a los discípulos en Jerusalén— Mr. 16, Lc. 24, Jn. 20	

FUERA DE LA 'IGLESIA'	EN LA 'IGLESIA'
• Jesús se aparece a los discípulos junto al mar de Tiberias—Jn. 21 • Jesús le pregunta a Pedro tres veces si lo ama. Pedro le pregunta a Jesús sobre Juan—Jn. 21 • Los discípulos encuentran a Jesús en Galilea. La gran comisión. Instrucciones de esperar en Jerusalén por la promesa del Padre—Mt. 28, Mr. 16, Jn. 20, Hechos 1 • La ascensión de Jesús—Mr. 16, Lc. 24, Hechos 1	

¿Podría ser que Dios esté tratando de decirnos algo con esto? Si la mayoría de los eventos significativos de la vida y del ministerio de Jesús sucedieron fuera de las 'reuniones de la iglesia', ¡lo mismo aplica a nuestras vidas! ¡Su vida es nuestro modelo!

Los momentos 'intermedios'

Algo que quizá note al examinar la lista de eventos significativos en el ministerio de Jesús es que muy pocos de ellos fueron programados. Por ejemplo,

• Jesús era el único que pasaba por Samaria cuando conoció a la mujer en el pozo. Puede que algunos llamen esto un 'encuentro casual', pero esto dio como resultado la llegada de un avivamiento en toda la ciudad de Sicar.

- En Lucas 7, Jesús resucita al hijo de una mujer cuando lo sacaban cargando en el mismo momento en que *Jesús caminaba por ahí.*

- El hombre gadareno fue liberado de una legión de espíritus malignos después de encontrarse con Jesús en la orilla.

- Jesús resucita a la hija de Jairo después de que su padre le ruega que venga a su casa.

- *En camino a la casa de Jairo*, la mujer que padecía de flujo de sangre fue sanada cuando tocó el borde del manto de Jesús.

- Bartimeo recibe la vista *cuando Jesús pasa por* donde él estaba sentado junto al camino.

- La confesión de Pedro sucedió *mientras estaban en camino* a los pueblos de Cesarea de Filipo.

- Zaqueo fue salvo luego que Jesús lo llamara *al pasar por ahí.*

- Etcétera.

En cada una de estas situaciones, Jesús estaba *en camino a otro lugar* cuando se presentó esta 'interrupción' en Su agenda.

Lo que empieza a ser evidente es que podemos programar eventos que consideramos importantes, pero *Dios causa que sucedan encuentros divinos* en medio de *estos eventos programados*, los cuales terminan siendo los *verdaderos* eventos de importancia en nuestras vidas. Debemos reconocer que Dios trabaja en los momentos 'intermedios'.

«El corazón del hombre traza su rumbo, pero sus pasos los dirige el Señor.» Proverbios 16:9 (NVI)

«Señor, yo sé que el hombre no es dueño de su destino, que no le es dado al caminante dirigir sus propios pasos.» Jeremías 10:23 (NVI)

«Por el Señor son ordenados los pasos del hombre, y el Señor se deleita en su camino.» Salmos 37:23 (LBLA)

En marzo del 2005, viajé a Nuevo Hampshire para asistir a una clase que me prepararía para enseñar un curso específico. Un grupo de creyentes había viajado de Escocia para asistir a la misma clase. Mientras nos visitábamos entre sesiones durante esta clase de 1 semana, conocí a Zach, Rick y Heather. En cierto momento, Zach, cuyo ministerio tenía sede en el Reino Unido, me invitó a viajar a San Andrés, Escocia, para participar con equipos ministeriales que él dirigía durante la conferencia cristiana CLAN cada verano. (CLAN son las siglas en inglés de "Christians Linked Across the Nation"). (Después de asistir a mi primera conferencia CLAN, quedé prendado, y volví a participar el siguiente año.

Pero, después las cosas cambiaron. Zach pasó a hacer otras cosas y dejó de dirigir esos equipos ministeriales. En ese momento, pensé que mi tiempo ahí había llegado a su fin ya que era posible que los equipos quedaran a cargo de alguien que no me conocía. Sin embargo, los equipos pasaron a cargo de Rick, quien ya me conocía y quien me invitó a continuar ministrando con esos equipos el siguiente año. Después de uno o dos años, el liderazgo del equipo volvió a pasar a otras manos, ya que Rick asumió responsabilidades mayores. En esta oportunidad, el liderazgo del equipo pasó a cargo de Heather, a quien también había conocido en la clase de Nuevo Hampshire, y continué siendo invitado a ayudar con este equipo de ministros.

Irónicamente, ya no enseño el curso para el que viajé a Nuevo Hampshire para recibir capacitación, sin embargo, en este mismo momento, me encuentro planeando mi séptimo viaje a Escocia para ministrar con mis amigos en la conferencia CLAN.

Así que...¿Cuál fue el verdadero propósito de Dios para la clase de capacitación de Nuevo Hampshire? En mi mente, yo estaba programando un tiempo para ser capacitado para la instrucción de un curso. Pero, Dios tenía otros planes. Entre las sesiones de esa semana de clases, Dios arregló todo para que me conectara con personas que me abrirían las puertas para ministrar en Escocia —¡puertas que yo nunca hubiera abierto por mí mismo, no importa cuánto lo planeara!

Fue mi asistencia a las conferencias de CLAN que realmente me hizo entender este principio: que Dios prepara encuentros para nosotros en medio de nuestros eventos programados.

Durante las conferencias de CLAN, asistí a muchas sesiones impartidas por extraordinarios líderes. Al comienzo de cada sesión, comenzaba una página nueva en mi cuaderno, escribiendo el título de la sesión arriba de la página. Pero, más de una vez, al final de la sesión, terminaba con una página en blanco, sin haber escrito nada en mi cuaderno. Sin embargo, al salir de la sesión, vivía encuentros significativos y memorables con personas sobre quienes terminaba escribiendo en mi cuaderno al final del día.

Esto sucedió con tanta frecuencia que el marcado contraste fue indiscutible. Al final de la semana, al contemplar lo transcurrido y revisando las notas que había tomado durante la semana, vi que los eventos más significativos fueron los encuentros no planeados o programados que tuve con personas en medio de las sesiones programadas.

La vida de Jesús fue así. La mayoría de los eventos significativos en Su ministerio ocurrieron en medio de eventos programados, cuando Él iba de un lugar a otro. Fueron 'interrupciones' en Su agenda. Nuestras vidas también son así. Solo necesitamos darnos cuenta de ello.

Este es el método de Dios: trabajar en medio de nuestros eventos programados. Como otro ejemplo, Dios nos enseña a usar estos momentos 'intermedios' sabiamente para enseñar sus mandamientos a nuestros hijos.

> «Y las enseñaréis a vuestros hijos, hablando de ellas cuando te sientes en tu casa, cuando andes por el camino, cuando te acuestes, y cuando te levantes» Deuteronomio 6:7 y 11:19 (RVR 1960)

Aquí, Dios nos manda específicamente a hacer uso del tiempo cuando estamos sentados en casa, cuando caminamos a algún lado, cuando estamos acostados y cuando nos levantamos. Dios intencionadamente describe aquellos momentos en medio de los eventos programados, cuando tal vez hayamos regresado de un evento y tenemos un poco de tiempo para prepararnos para el siguiente evento en nuestra agenda.

Viendo las interrupciones desde el punto de vista de Dios

Los encuentros divinos vienen disfrazados como interrupciones. Llegan con malas actitudes, en momentos inconvenientes, actuando inapropiadamente. Algunos ejemplos incluyen el endemoniado gadareno, la mujer sirofenicia, los hombres ciegos que gritaban junto al camino; casi todos los encuentros significativos que Jesús tuvo.

Jesús no exigía que la gente se lavara y se acercara a Él con una actitud respetuosa y apropiada, siguiendo un protocolo formal antes de ministrarles en amor. Él los recibía tal cual era su condición en el momento de cruzar caminos y los tocaba con el amor y poder de Dios para suplir sus necesidades.

> «Pero Dios demuestra su amor para con nosotros, en *que siendo aún pecadores*, Cristo murió por nosotros.» Romanos 5:8 (LBLA)

Cuando fijamos nuestra mente en llegar a una cita o a un evento en particular que tenemos programado, puede que tengamos la tendencia a ver las interrupciones como obstáculos que se interponen en nuestro camino para alcanzar nuestras metas. Incluso, tal vez las veamos como ataques satánicos que nos impiden lograr nuestro propósito.

En realidad, estos eventos podrían ser los más importantes de nuestro día. Estas 'interrupciones' podrían ser los eventos que Dios planeó para nosotros desde antes que naciéramos, así que, debemos cambiar la manera en que vemos las interrupciones. A fin de verlas correctamente, como encuentros divinos de Dios, *debemos readiestrarnos* a acoger las interrupciones como encuentros con el destino.

Además, a medida que nos readiestramos a reconocer la importancia de las interrupciones, debemos readiestrarnos a *estar más 'en el momento' y alertas* a entender que estos encuentros designados por Dios pueden ocurrir en cualquier momento, sin advertencia y sin ninguna pista que dé señales de su trascendencia eterna. Debemos estar listos para darle acogida a las interrupciones, *aun cuando éstas vienen en los momentos más inconvenientes, con malas actitudes, con acciones inapropiadas y de manera inesperada, lo que en otras circunstancias nos ofendería.*

John Paul Jackson, fundador de Streams Ministries, tuvo una experiencia en la que Dios le permitió ver un día en la vida de un creyente. Fue un día lleno de interrupciones. Dentro de lo que John Paul vio, había una mujer haciendo sus cosas diarias, frustrada por todas las interrupciones, pero Dios 'descorrió la cortina', por decirlo así, para permitir que John Paul viera lo que estaba sucediendo en el ámbito espiritual. Él vio que Dios arregló estas supuestas 'interrupciones' para llevar a cabo Su voluntad, para traer el Reino de Dios a la realidad de este creyente y para cambiar la vida de una cajera para siempre.

En la experiencia que vivió John Paul, el creyente no estaba consciente del frenesí de actividad en el ámbito espiritual invisible que le rodeaba. Ella no estaba consciente de lo que Dios estaba haciendo mientras orquestaba magistralmente las circunstancias que crearon las aparentes 'interrupciones'. Ella parecía estar simplemente viviendo un día lleno de frustraciones y circunstancias que constantemente la obligaban a adaptarse y a hacer cambios a lo que previamente había planeado hacer.

Si entiende el inglés hablado, le recomiendo mucho que busque y vea el video de John Paul sobre esta experiencia. Podrá encontrarlo en el internet, en *YouTube*. El nombre del video es "Storms, Faith & the Miraculous" (sólo disponible en el idioma inglés). La historia comienza aproximadamente a los 11 minutos y 20 segundos de la segunda parte (Parte 2) de este video de 4 capítulos (Jackson, 2007).

Cuando Roland Buck fue arrebatado al trono celestial el 21 de enero de 1977, recibió una lista de 120 eventos que le sucederían en un futuro inmediato. Al regresar de su visita celestial, uno por uno, esos eventos comenzaron a suceder en el orden en que estaban escritos en la lista.

«En esta lista, Él no me dijo que estaba incluyendo todo lo que sucedería. Él dijo: "Solo elijo unas cuantas cosas para que puedas ver confirmación de que Dios realmente está trabajando". Así que, indudablemente, hubo cientos de cosas en medio de cada uno de estos eventos, pero Él sólo me permitió ver unas cuantas como indicadores en el camino.

Algunas personas me han preguntado: "Y ¿qué acerca de los 120 eventos? Cuando todo eso suceda, ¿qué va a pasar luego?" Y yo sólo les digo que al igual que estos eventos, todo ya está planeado desde antes, sólo que yo aún no tengo conocimiento de ello.» (Buck, 1979)

Puede escuchar a Roland Buck narrar esta historia, y muchas otras, en sus sermones grabados, disponibles solamente en el idioma inglés, en www.angelsonassignment.org. Le sugiero que comience con los títulos «I Visited the Throne Room» y «Sequel to the Throne Room».

Si pudiéramos vislumbrar cómo Dios dirige diariamente las circunstancias, aparentemente insignificantes, de nuestras vidas, sentiríamos inmensa paz y seguridad, sabiendo que Dios tiene *todo* bajo control. También despertaría en nosotros la necesidad de estar más alerta a lo que Dios está haciendo en nuestras vidas en cada momento, para que podamos cooperar con Él en lugar de trabajar en contra de lo que Él está haciendo.

Pero, ¿qué pasa si algunas interrupciones en realidad son ataques satánicos? ¿Deberíamos ver los *problemas* que llegan a nuestra vida como la voluntad de Dios y *agradecerle* por ellos? Si pudiéramos ver lo que nos espera del otro lado, ¡lo haríamos!

> «Hermanos míos, considérense muy dichosos cuando tengan que enfrentarse con diversas pruebas pues ya saben que la prueba de su fe produce constancia. Y la constancia debe llevar a feliz término la obra, para que sean perfectos e íntegros, sin que les falte nada. Si a alguno de ustedes le falta sabiduría, pídasela a Dios, y él se la dará, pues Dios da a todos generosamente sin menospreciar a nadie.» Santiago 1:2-5 (NVI)

Si sentimos que no podemos regocijarnos en medio de los problemas, Santiago nos enseña que la falta de sabiduría es la causa por la que no podemos ver las circunstancias como Dios las ve. Pedimos sabiduría para tener la habilidad de ver nuestros problemas como oportunidades en las que Dios obrará milagrosamente a favor nuestro.

Es posible que usted esté pensando: «Pero, ¡usted no sabe cuáles son mis problemas!» Tal vez eso sea verdad, pero, ¿alguno de nosotros ha tenido problemas más grandes de los que Jesús tuvo cuando fue condenado a morir en la cruz? Ése es un problema grande, ¿verdad? Pero, las Escrituras nos enseñan que si las fuerzas malignas hubieran entendido lo que resultaría de ello, nunca lo hubieran preparado. Lo hicieron, ¡pero se lamentarán de ello por la eternidad!

> «Mas hablamos sabiduría de Dios en misterio, la sabiduría oculta, la cual Dios predestinó antes de los siglos para nuestra gloria, la que ninguno de los príncipes de este siglo conoció; porque si la hubieran

conocido, nunca habrían crucificado al Señor de gloria» 1 Corintios 2:7-9 (RVR 1960)

Sucede lo mismo con usted. Satanás puede instrumentar ataques en contra suya. *Agradezca a Dios cuando se encuentre en esas circunstancias* a causa de la gran victoria que Dios traerá como resultado de ello. Esto es lo que Jesús nos dijo que hiciéramos en el Sermón del Monte (Mateo 5:11-12) y es como los primeros discípulos respondieron cuando enfrentaron problemas muy difíciles (Colosenses 1:24; 1 Pedro 1:6-8), y es como los apóstoles nos exhortaron a responder en toda situación (1 Tesalonicenses 5:16).

«Den gracias a Dios en toda situación, porque esta es su voluntad para ustedes en Cristo Jesús» 1 Tesalonicenses 5:18 (NVI)

«Pues tengo por cierto que las aflicciones del tiempo presente no son comparables con la gloria venidera que en nosotros ha de manifestarse.» Romanos 8:18 (RVR 1960).

«Amados, no os sorprendáis del fuego de prueba que en medio de vosotros ha venido para probaros, como si alguna cosa extraña os estuviera aconteciendo; antes bien, en la medida en que compartís los padecimientos de Cristo, regocijaos, para que también en la revelación de su gloria os regocijéis con gran alegría.» 1 Pedro 4:12–13 (LBLA)

¿Recuerda a Job? Dios le restauró dos veces más de lo que él perdió cuando Satanás lo atacó.

«Y el Señor restauró el bienestar de Job cuando éste oró por sus amigos; y el Señor aumentó al doble todo lo que Job había poseído...El Señor bendijo los últimos días de Job más que los primeros...» Job 42:10-12a (NBLH)

¿Recuerda a Daniel, quien fue echado en el foso de los leones? Sin duda alguna, este evento fue una interrupción grande e indeseada en los planes de Daniel, pero, a través de todo esto, él se mantuvo enfocado en Dios. Él tenía plena confianza en que Dios estaba en control de sus circunstancias. No se quejó ni maldijo a las personas responsables de ponerlo en esta difícil situación. De hecho, ¡las primeras palabras de la boca de Daniel después de sobrevivir una noche en el foso de los leones fueron de bendición para el rey que lo había puesto ahí!

Esta interrupción indeseada y poco grata en la vida de Daniel dio como resultado que se enviara una ordenanza a todas las personas en el reino de Media y Persia, glorificando a Dios y *ordenándole* a toda persona, en cualquier parte, ¡que rindiera honor al Dios de Daniel! Pero, esto no terminó allí. Esta historia continúa repitiéndose hoy en todas partes del mundo, y ¡continúa trayendo gloria a Dios hasta la actualidad!

¡Y todo esto a raíz de una interrupción en la vida de un hombre!

Recuerde a Sadrac, Mesac y Abed-nego. Ellos fueron echados en un horno de fuego: una *gran* interrupción en sus planes, ¿verdad? Pero, ellos reconocieron verbalmente ante el rey su confianza completa en que Dios estaba en control de sus circunstancias.

«Si se nos arroja al horno en llamas, el Dios al que servimos puede librarnos del horno y de las manos de

Su Majestad. Pero aun si nuestro Dios no lo hace así, sepa usted que no honraremos a sus dioses ni adoraremos a su estatua.» Daniel 3:17-18 (NVI)

Como resultado de esta 'interrupción' en sus vidas, el rey de Babilonia (el hombre más poderoso del mundo en ese momento) glorificó verbalmente a Dios y envió una ordenanza a todos los habitantes del reino que prohibía hablar ni siquiera una palabra negativa en contra del Dios de Sadrac, Mesac y Abed-nego. Asimismo, el rey promovió personalmente a los tres hombres a puestos de importante responsabilidad en el reino de Babilonia.

Todo a causa de una interrupción en la vida de estos hombres.

¿Y qué pasó con José? ¡Su vida como el hijo favorito fue cruelmente interrumpida cuando fue arrojado en una cisterna por sus propios hermanos, vendido en esclavitud, acusado falsamente y luego echado en la cárcel! Pero, en medio de todas estas interrupciones, José tenía la seguridad de que Dios estaba en completo control de estas circunstancias en su vida. Después de ser promovido al puesto del hombre más poderoso de Egipto (y eventualmente del mundo, debido a la hambruna), fue reunido con los hermanos que provocaron estas mismas interrupciones que cambiaron su vida. Esta fue la respuesta de José:

«Es verdad que ustedes pensaron hacerme mal, pero Dios transformó ese mal en bien para lograr lo que hoy estamos viendo: salvar la vida de mucha gente.» Génesis 50:20 (NVI)

Pero, ¿qué pasa si la interrupción es tan severa que resulta en la muerte, como en la vida de Jesús o la de Esteban? Es entonces cuando podemos realmente experimentar el milagro de la multiplicación exponencial de nuestro impacto para el Reino de Dios. Como Jesús dijo: «De cierto, de cierto os digo, que si el grano de trigo no cae en la tierra y muere, queda solo; pero si muere, lleva mucho fruto.» Juan 12:24 (RVR 1960)

Cuando la vida y el ministerio de Jesús fueron 'interrumpidos' o 'quitados', como dice en Daniel 9:26, ¡fue lo mejor que pudo haber sucedido para el impacto de Su vida y ministerio! Debido a Su muerte, el velo de la separación entre Dios y el hombre se rasgó para siempre, ¡y el camino de salvación se abrió para todos nosotros!

De joven, Jesús no vio Su muerte como algo negativo. ¡Él vio las bendiciones que resultarían de esto para todos nosotros! ¡También sabía que Su muerte nos permitiría experimentar el Espíritu Santo de maneras que nunca fueron posibles!

> «Pero yo os digo la verdad: os conviene que yo me vaya; porque si no me voy, el Consolador no vendrá a vosotros; pero si me voy, os lo enviaré.» Juan 16:7 (LBLA)

Pero ése era Jesús. Él era especial, ¿no es así? ¿Pueden salir cosas buenas de la muerte de una persona ordinaria?

Paul Keith Davis, el fundador de White Dove Ministries, tuvo una revelación sobre la muerte de Esteban. En la revelación de Paul Keith, en Hechos 7, después que el diablo persuadiera a la gente a tomar la vida de Esteban, el Señor tomó a cambio una de las estrellas de Satanás, Saulo de Tarso. Como apóstol, Pablo probablemente hizo más daño al reino de las tinieblas que Esteban hubiera podido hacer en toda su vida.

Paul Keith Davis ha narrado esta revelación en varios de sus mensajes, los cuales puede encontrar en YouTube. Podrá encontrar este mensaje, por ejemplo, como parte de la sesión matutina sabatina de New Life Christian Church en Rice Lake, Wisconsin, del 20 de agosto de 2011, aproximadamente a los 19 minutos del mensaje. (Davis, 2011)

El diablo nunca gana. Puede que a veces pensemos que él gana porque nuestro enfoque es demasiado limitado. En muchas, muchas ocasiones, la muerte no fue el final de la historia. Por el contrario, ¡de la muerte salió una de las más grandes cosechas y bendiciones!

Considere a Rachel Scott, una de las primeras estudiantes en ser asesinadas en la tragedia de Columbine. Su deseo fue alcanzar a multitudes de personas con el amor de Cristo. Su funeral, el cual incluyó muchos testimonios de la bondad de Dios, fue televisado ininterrumpidamente por CNN y fue visto alrededor del mundo por más personas que cualquier otro programa en esa estación, opacando el funeral de la Princesa Diana. La influencia de Rachel continúa viviendo y creciendo por medio de la organización 'The Rachel's Challenge' (El Desafío de Rachel) y otros grupos, impactando la vida de literalmente millones de personas. (Scott, Nimmo, & Rabey, 2000)

Satanás nunca gana. No puede ganar. Él solamente continúa tratando las mismas cosas una y otra vez; y Dios continúa usando esas cosas para el bien de la vida de todos aquellos que le aman y que conforme a sus propósitos son llamados (Romanos 8:28).

Aprenda a cooperar con lo que Dios está haciendo en su vida. Cuando se queja de sus circunstancias y toma las cosas en sus propias manos, las está *quitando* de las manos de Dios.

Práctica de discipulado:
Ver las interrupciones como Dios las ve

Objetivo: Estar más alerta de los encuentros divinos de Dios.

¿Con qué frecuencia? Diariamente por tres semanas o hasta que se convierta en un hábito.

En lugar de ver las interrupciones como obstáculos que se interponen en alcanzar nuestras metas, comience a ver estas 'interrupciones' como encuentros divinos instrumentados por Dios.

- Cada mañana agradezca a Dios por las interrupciones que ocurrirán a lo largo de su día. Agradézcale por interrumpir su agenda diaria con sus encuentros divinos.

- Prepárese cada mañana, pidiéndole a Dios que le ayude a responder correctamente y a no ofenderse por lo siguiente:

  o interrupciones inconvenientes

  o personas con malas actitudes

  o personas que actúan inapropiadamente

- Cuando las interrupciones sucedan, agradézcale a Dios, aun cuando las interrupciones parezcan causar problemas (1 Tesalonicenses 5:18).

- Mantenga un cuaderno pequeño para anotar las interrupciones que ocurren durante su día.

- Al final de cada día, piense sobre una o dos interrupciones que sucedieron y pregúntele a Dios cuáles fueron sus propósitos para estas. ¿Hubo algo más que Dios quería lograr en estos encuentros? ¿Podría usted haber respondido en una manera que demostrara mejor el amor de Dios?

Años después de haber comenzado a practicar este ejercicio de discipulado, me quedé impresionado al leer este relato por Dale Carnegie del presidente de un banco de Wall Street que practicaba algo muy similar a esto semanalmente:

«El presidente de un importante banco de Wall Street relató una vez, en una conversación ante una de mis clases, un sistema muy eficiente que empleaba para mejorar su carácter. Este hombre había tenido poca educación formal, y llegó sin embargo a ser uno de los financistas más importantes del país; nos confesó que debía la mayor parte de su éxito a la constante aplicación de su sistema casero. Veamos lo que hace. Lo repetiré con sus propias palabras, tan exactamente como las recuerdo:

"Durante años he llevado un libro de citas con todas las entrevistas que realizo durante el día. Mi familia ya sabe que no debe forjar planes conmigo para los sábados por la noche, porque no ignora que dedico una parte de cada una de esas noches al ilustrativo proceso de examinar mis actos, revisarlos y criticarlos. Después de la comida me quedo a solas, abro mi libro de citas, y pienso en todas las entrevistas, conversaciones y reuniones en que he intervenido durante la semana. Entonces me pregunto:

¿Qué errores cometí en esta ocasión?

¿Qué hice bien, y en qué forma pude mejorar mi proceder?

¿Qué lecciones puedo aprender de esa experiencia?

A menudo me ocurre que esta revista semanal me causa mucha infelicidad. Me asombran a menudo mis propios errores. Es claro que al pasar los años esos errores han disminuido. A veces, ahora, me inclino a palmearme la espalda después de una de esas sesiones. Este sistema de autoanálisis, de autoeducación, proseguido año tras año, me ha hecho más bien que cualquier otra cosa que he intentado jamás.

Me ha ayudado a mejorar mi capacidad para tomar decisiones, y me ha ayudado enormemente todos mis contactos con la gente. Nunca me cansaré de recomendarlo."» (Carnegie, 2010)

Debemos readiestrarnos a estar alertos a la realidad de que estos encuentros ordenados por Dios pueden ocurrir en cualquier momento, sin advertencia y sin señal alguna de su importancia eterna.

Las oportunidades importantes para el ministerio vienen y van en segundos. Y, a menudo, vienen disfrazadas como interrupciones...con malas actitudes...actuando inapropiadamente.

«Pero Dios demuestra su amor para con nosotros, en que siendo aún pecadores, Cristo murió por nosotros.» Romanos 5:8 (LBLA)

Caminando con Dios

Cuando comenzamos a agradecer a Dios por cada circunstancia e interrupción en nuestras vidas, y oramos sobre las mismas al final de cada día, algo maravilloso empieza a suceder. Él comienza a hablarnos sobre eventos futuros en nuestras vidas, así como a darle significado a cosas que ya hemos vivido, y comenzamos a *caminar con Dios*.

> «Pero cuando venga el Espíritu de verdad, él os guiará a toda la verdad; porque no hablará por su propia cuenta, sino que hablará todo lo que oyere, y *os hará saber las cosas que habrán de venir*.» Juan 16:13 (RVR 1960)

Quizá aún no sea una experiencia de cada momento, pero definitivamente comenzamos a caminar *con* Dios en nuestra vida, viviendo circunstancias con *Él*, mientras que Él comparte Su perspectiva con nosotros. Esto ocurre porque, finalmente, en lugar de quejarnos sobre las circunstancias que Dios trae a nuestras vidas, rechazarlas y luchar contra ellas, las aceptamos y acogemos. Al hacer eso, nos ponemos de acuerdo con lo que Dios está haciendo en nuestras vidas.

Hasta que no nos pongamos de acuerdo, acojamos y aceptemos agradecidos lo que Dios está haciendo en nuestras vidas, no podremos caminar completamente con Dios.

> «¿Andarán dos juntos, si no estuvieren de acuerdo?» Amos 3:3 (RVR 1960)

Por otra parte, Dios sólo tolerará la queja por un tiempo limitado antes de haber tenido suficiente.

«Ni murmuren, como algunos de ellos murmuraron, y fueron destruidos por el destructor. Estas cosas les sucedieron como ejemplo, y fueron escritas como enseñanza para nosotros» 1 Corintios 10:10-11a (NBLA)

Dios se hizo personalmente responsable de las circunstancias difíciles que el pueblo de Israel enfrentó durante su travesía en el desierto. Cuando se quejaron sobre esas circunstancias, Dios lo tomó personal. Ellos se quejaban de Él. Dios escuchó sus quejas sólo por un tiempo antes de entregarlos en manos del destructor, quien terminó con sus vidas. 1 Corintios 10:11 deja en claro que este no fue un evento aislado. Su juicio es una advertencia para nosotros. Si nos quejamos y rezongamos sobre las circunstancias que Dios trae a nuestras vidas al igual que ellos lo hicieron, no nos deberá sorprender sufrir consecuencias similares a las que ellos tuvieron.

Con cada concepto, se necesita equilibrio

El tener la disposición de acoger las interrupciones como encuentros divinos, no significa que permitamos que los demás se aprovechen de nosotros y nos desvíen del camino que Dios nos ha llamado a seguir. Eso fue desastroso para un hombre de Dios cuyo nombre se desconoce en 1 Reyes 13.

Este hombre declaró una poderosa profecía al rey Jeroboam. Luego, en su camino de regreso a casa, un viejo profeta lo encontró e invitó a su casa. Jeroboam le dijo al viejo profeta que Dios le había advertido no comer ni beber, así como no regresar a casa por el mismo camino por el que salió. El viejo profeta mintió y dijo que un ángel le dijo que lo llevara a su casa. Después que el hombre de Dios comió y bebió con el viejo profeta, fue asesinado por un león en su camino a casa.

Jesús acogió las interrupciones, pero las equilibró con discreción y nunca sometió Su destino a la voluntad de otro.

«Pero Jesús mismo no se fiaba de ellos, porque conocía a todos, y no tenía necesidad de que nadie le diese testimonio del hombre, pues él sabía lo que había en el hombre.» Juan 2:24-25 (RVR 1960)

Los evangelios contienen varios ejemplos de ocasiones en las que Jesús dijo 'no' a personas que lo hubieran desviado del camino que fue llamado a seguir, o en las que despidió a personas para poder buscar de Dios, lo cual fue llamado a hacer.

«Y después que *los hubo despedido*, se fue al monte a orar» Marcos 6:46 (RVR 1960)

«Eran los que comieron, como cuatro mil; y *los despidió*.» Marcos 8:9 (RVR 1960)

«Pero entendiendo Jesús que iban a venir para apoderarse de él y hacerle rey, *volvió a retirarse al monte él solo*.» Juan 6:15 (RVR 1960)

Como otro ejemplo, cuando Jesús comenzó a revelar cosas a sus discípulos sobre Su crucifixión, Pedro lo llevó aparte y comenzó a reprenderlo, diciendo: «Señor, ten compasión de ti; en ninguna manera esto te acontezca. Pero él, volviéndose, dijo a Pedro: !Quítate de delante de mí, Satanás!; me eres tropiezo, porque no pones la mira en las cosas de Dios, sino en las de los hombres.» Mateo 16:21-23 (RVR 1960)

Cuando regresaba de sus intensos momentos de oración privada, Jesús siempre estaba alerta y listo para responder a las personas con demostraciones poderosas del amor de Dios, aun cuando éstas parecían causarle interrupciones.

CAPÍTULO 5
¿A QUIÉNES AMAMOS?

¿A quién se nos enseña amar?

Si usted cree que se supone que debemos amar a todos, reconsidere esa idea. Por sorprendente que parezca, Dios nunca nos mandó amar a todos. Ése es el trabajo de Dios. Él es lo suficientemente grande para hacerlo.

> «Porque *de tal manera amó Dios al mundo*, que ha dado a su Hijo unigénito» Juan 3:16 (RVR 1960)

Si se nos hubiera mandado a amar a *todas las personas* en el mundo, sería abrumador. ¿Cómo podríamos esperar lograr eso? Dios nunca nos asignó ese tipo de responsabilidad.

De hecho, la única ocasión en la que Jesús identificó un *grupo* de personas a quien amar, fue en Su mandamiento «Amad a vuestros enemigos» (Mateo 5:44; Lucas 6:27). *En todos los demás casos*, nos mandó dirigir nuestro amor de manera *individual*, a enfocarnos en *aquella persona* en necesidad cerca de nosotros. Eso es manejable. Eso es algo que está dentro de nuestro alcance, y es en lo que Dios quiere que nos enfoquemos.

> «Esto os mando: Que os améis *unos a otros*.» Juan 15:17

«Amarás a *tu prójimo* como a ti mismo» Mateo 19:19; Mateo 22:39; Marcos 12:31; Lucas 10:27

«Un mandamiento nuevo os doy: Que os améis *unos a otros*; como yo os he amado, que también os améis *unos a otros*. En esto conocerán todos que sois mis discípulos, si tuviereis amor *los unos con los otros*.» Juan 13:34-35

«Este es mi mandamiento: Que os améis *unos a otros*, como yo os he amado. Nadie tiene mayor amor que este, que uno ponga su vida por sus amigos.» Juan 15: 12–13

Entonces...¿quién debe ser el enfoque de nuestro ministerio?

Dios desea que enfoquemos nuestro ministerio en las personas en necesidad con las que tenemos contacto.

Jesús nos dio una clara ilustración de esto en la historia del buen samaritano en Lucas 10:25-37.

Observe que cuando el samaritano se detuvo para ayudar al hombre en necesidad, él se encontraba en camino a otro lugar. Esta fue una interrupción en su agenda.

Hemos sido llamados e instruidos a ser un 'prójimo' que muestre misericordia a aquellos que tienen necesidad. Jesús terminó esta historia del buen samaritano diciendo: «Ve, y haz tú lo mismo».

Como dice frecuentemente Heidi Baker: «Simplemente ame al que está enfrente suyo».

«He aquí, yo os envío»

Cuando Jesús envió a sus discípulos, *no* los envió a las iglesias. Jesús los *envió* a las ciudades y pueblos, siguiendo Su propio ejemplo.

Imagínese esto. Usted va a la mejor escuela bíblica que ha existido. Jesucristo mismo es la cabeza de la escuela bíblica y es el maestro de todas las materias. Cuando llega el momento de su práctica profesional, quizá espere que Él lo asigne a un cargo fácil en una iglesia prominente, como pastor asociado o tal vez ministrando a jóvenes. No. Jesús los *envió* a las ciudades y pueblos, según Su propio ejemplo, y luego los siguió y fue a esas mismas ciudades y pueblos con Su ministerio (Mateo 10:1–16; Marcos 3:13–15; 6:7–13; Lucas 9:1–6; 10:1–17). El enviar a sus discípulos reafirma una vez más la observación de que el enfoque del ministerio de Jesús fue en los encuentros fuera de las reuniones tradicionales de la iglesia.

> «Los setenta regresaron con gozo, diciendo: "Señor, hasta los demonios se nos sujetan en Tu nombre"» Lucas 10:17 (NBLA)

Por décadas, nuestra estrategia principal de evangelización en los Estados Unidos ha sido invitar a la gente a venir a la iglesia. La lógica implícita ha sido que si tan solo logramos que la gente venga a la iglesia, *entonces* ellos recibirán la ministración que necesitan. La iglesia los 'cambiará'.

Pero si hacemos las cosas al estilo de Jesús, obtendremos resultados sorprendentes al simplemente seguir el ejemplo de Jesús de *salir* a ministrar. En mi experiencia, he sido bendecido con la oportunidad de ministrar junto a extraordinarios creyentes, quienes fueron a festivales y congresos (y diversidad de reuniones) para compartir el amor de Dios con los demás. En dichos contextos, normalmente preparábamos un estand o nos ubicábamos en un lugar específico para ministrar a las personas que pasaban.

Cada vez que hemos seguido el modelo de Jesús de ministrar fuera de las reuniones de la iglesia, continuamente hemos tenido a tanta gente en fila para ser ministradas ¡que hemos tenido dificultad para satisfacer la demanda! Tendemos a perder cuenta de todas las salvaciones, sanidades y liberaciones que suceden en estas campañas misioneras, ¡pero tenemos libros llenos de maravillosos y memorables testimonios!

En lugar de simplemente invitar a la gente a la iglesia, Jesús nos enseña a llevar la 'iglesia' a ellos (Mateo 28:19-20).

En una reunión en la Iglesia Sojourn en Dallas, Texas, escuché a John Paul Jackson decir: «Crecí en la iglesia. He ido a la iglesia toda mi vida, pero fue hasta que fui a las calles que vi quién es Dios.» Esto viene de parte de un hombre que, en ese momento, ¡había estado en ministerio a tiempo completo por veintiocho años!

El Padre los trae

Nos hemos dado cuenta que cuando la gente viene a nosotros dentro del contexto de las campañas misioneras, tienden a sincerarse con nosotros. Bajan la guardia. Nos comparten sus problemas y necesidades abiertamente, revelando su vulnerabilidad.

Creo que este sentimiento de confianza se manifiesta, por lo menos en parte, porque pueden percibir que no tenemos *intenciones secretas* en nuestros encuentros. No estamos tratando de empujarlos en ninguna dirección en particular.

No tiene sentido presionar a la gente a tomar una decisión que no están listos a tomar, porque entendemos que «Nadie puede venir a Mí si no lo trae el Padre que Me envió, y Yo lo resucitaré en el día final» Juan 6:44 (NBLA)

De hecho, existe el peligro de presionar a alguien a tomar un decisión prematura. Esto más bien puede demorar que lleguen a la salvación y dificultarles venir a Jesús. Jesús nos advirtió claramente sobre esto en Mateo 12:30 (RVR 1960):

> «El que no es conmigo, contra mí es; y el que conmigo no recoge, desparrama.»

Es crucial que trabajemos *en cooperación* con lo que Dios está haciendo en la vida de una persona, *no en contra*. Si trabajamos en cooperación con el Señor, veremos señales que lo confirmarán.

> «Y ellos, saliendo, predicaron en todas partes, ayudándoles el Señor y confirmando la palabra con las señales que la seguían. Amén.» Marcos 16:20 (RVR 1960)

Si hacemos lo opuesto y empujamos a las personas en una dirección en la que Dios no las está dirigiendo en este momento, experimentaremos frustración, resistencia y rechazo, e incluso, si ellos toman una decisión apresurada como resultado de nuestra insistencia, existe el verdadero peligro de que sea una decisión pasajera ya que fue *nuestra* decisión, no la *de ellos*. Podría ser que se alejen y que les sea mucho, mucho más difícil regresar a Jesús. Esta es precisamente la advertencia que Jesús nos hace en Mateo 12:30: «El que no es conmigo, contra mí es; y el que conmigo no recoge, desparrama.»

Encontrar personas que han sido 'desparramadas' es fácil. Simplemente pregúntele a la gente qué piensa de Jesús. Si tienen una reacción negativa al nombre de Jesús, pregúnteles por qué. Lo más probable es que le narren experiencias negativas con cristianos, quienes los han alejado de Jesús y de la Iglesia cristiana. Estas personas han sido 'desparramadas'.

De hecho, las experiencias negativas que tuvieron con cristianos en el pasado, les hará aún más difícil acercase a Jesús.

¿Por qué es que cuando la gente ve a un predicador de la calle, con frecuencia se cruzan al otro lado de la calle para eludirlo, pero muchedumbres seguían a Jesús a donde sea que iba? ¿Qué es aquello del ministerio de Jesús que atraía la gente a Él y qué es aquello en algunos de nuestros ministerios que aleja a la gente?

A medida que lee los encuentros evangelísticos de Jesús con la gente en los cuatro Evangelios, dedique un tiempo para observar que *Jesús nunca presionó a nadie a tomar una decisión.*

Él nunca encontró resistencia a una invitación porque Él nunca empujó a la gente en una dirección a la que ellos no se sentían atraídos.

Usted nunca lee que Jesús usó argumentos persuasivos para llevar a una persona a tomar la decisión de aceptarlo como Señor y Salvador, urgiendo persistentemente a la persona a tomar una decisión *en ese mismo momento*, antes de irse de Su presencia.

No fue así que Él lo hacía en ese entonces, y no es como lo hace hoy. Jesús estaba ahí para apoyar y guiar a las personas en su travesía, pero nunca los empujó a tomar una decisión.

Considere estos ejemplos:

- Jesús llamó a los primeros discípulos con una sola y simple invitación: «Sígueme» (Mateo 9:9; Marcos 2:14; Juan 1:43).

- Natanael hizo su confesión de fe sin que Jesús le urgiera o indicara hacerlo (Juan 1:49).

- La mujer en el pozo no fue *presionada* a confesar a Jesús como el Mesías (Juan 4:29).

- Pedro siguió a Jesús por meses antes de finalmente declarar su confesión de fe (Mateo 16:13; Marcos 8:27; Lucas 9:21).

- Jesús no impuso Su ministerio sobre el hombre del estanque de Betesta. Jesús primero le preguntó: «¿Quieres ser sano?» (Juan 5:6).

- Ni tampoco impuso Su ministerio sobre el ciego Bartimeo. Jesús le preguntó: «¿Qué quieres que haga por ti?» (Marcos 10:51).

- Jesús ni siquiera trató de persuadir a Judas de la peor decisión de su vida: traicionar a Jesús a muerte.

Jesús nunca impuso Su ministerio sobre nadie. De hecho, hubo ocasiones en las que Él se rehusó ayudar a personas que se lo pidieron, por lo menos al principio.

Algunas veces Jesús dijo «no» porque consideró que el momento no era el adecuado, tal como sucedió con Su madre, María, en las bodas de Caná. «"Mujer, ¿eso qué tiene que ver conmigo?" —respondió Jesús—. "Todavía no ha llegado mi hora"» Juan 2:4 (NVI)

En otras ocasiones, Jesús se rehusó a ministrar porque consideró que eso estaba fuera de lo que había sido llamado a hacer, como con la mujer sirofenicia. «El respondiendo, dijo: No soy enviado sino a las ovejas perdidas de la casa de Israel...No está bien tomar el pan de los hijos, y echarlo a los perrillos.» Mateo 15:24–26 (RVR 1960)

Si la persuasión y las técnicas de venta agresiva es lo que se debe usar, ¿por qué no regresar a los métodos de las cruzadas religiosas militares del siglo XII? «¡Confiese a Jesucristo como Señor y Salvador ahora mismo o le cortaré la cabeza!» Si llevamos las estrategias de venta agresiva a su extremo lógico, eso es lo que tendremos como resultado.

Aceptados tal como son

Durante los encuentros de nuestro ministerio con personas fuera de las paredes de la iglesia, establecimos una reputación. Aceptamos y amamos a las personas tal como son. No exigimos que cambien de manera alguna antes de que ministremos a sus necesidades.

Quizá tengamos la tendencia de pensar que primero debemos abordar el pecado en la vida de alguien antes de poder ministrarle, pero ese no era el método de Jesús.

- Él sanó a personas sin primero exigirles que se arrepintieran.

- Él alimentó a cinco mil sin primero exigirles que se arrepintieran.

- Aun cuando estuvo frente a frente con el pecado, como en el caso de la mujer sorprendida en adulterio, Jesús no exigió el arrepentimiento antes de demostrar Su amor por ella. Cuando Él abordó el pecado, fue desde la perspectiva de lo que era mejor para ella. «Ni yo te condeno; vete, y no peques más.» Juan 8:11 (RVR 1960)

- De la misma manera, Él abordó el pecado en la vida del hombre que estaba en el estanque de Betesta, solo *después* de suplir su necesidad y de sanarlo. «Mira, has sido sanado; no peques más, para que no te venga alguna cosa peor.» Juan 5:14 (RVR 1960)

Hace unos pocos años, durante el festival anual "Haunted Happennings" en Salem, Massachusetts, yo era parte de un equipo ministerial cuando una mujer se acercó a nosotros pidiendo ayuda y apoyo. Mientras esperábamos en la presencia del Espíritu Santo, tuve una visión de la casa perfecta, rodeada por una cerca de madera. Luego, cayó un enorme cuchillo de carnicero y cortó la escena completa por la mitad; la imagen de un hogar roto. Le pregunté si había vivido el dolor de un hogar desintegrado. La mujer nos compartió que acababa de divorciarse de su pareja del mismo sexo. Mientras relataba la historia, brotaban lágrimas de sus ojos. El dolor seguía estando muy a flote.

Fue evidente para nosotros que el corazón de Dios hacia esa mujer aquella noche era traer sanidad a su corazón quebrantado, llegar a su necesidad y tratar con los devastadores efectos de un hogar roto. En ningún momento aquella noche nos guió el Espíritu Santo a persuadirla a renunciar a su estilo de vida.

Amor, aceptación, sanidad; alcanzar la necesidad sin condición o prerequisito. Esas cualidades caracterizaron el ministerio de Jesús cuando caminó sobre la tierra, y esas mismas cualidades deben caracterizar nuestras vidas y ministerios también.

«Él hace que salga el sol sobre malos y buenos, y que llueva sobre justos e injustos. Si ustedes aman solamente a quienes los aman, ¿qué recompensa recibirán? ¿Acaso no hacen eso hasta los recaudadores de impuestos? Y si saludan a sus hermanos solamente, ¿qué de más hacen ustedes? ¿Acaso no hacen esto hasta los gentiles? Por tanto, sean perfectos, así como su Padre celestial es perfecto.» Mateo 5:45-48 (NVI)

Mi nuevo mejor amigo

Para tener la perspectiva adecuada, pienso sobre la persona que viene a pedirme que le ministre como *mi nuevo mejor amigo*. El pensar de esta manera me ayuda a establecer una relación con aquellos con los que tengo contacto. Con esta perspectiva, me caen bien inmediatamente. Deseo entenderlos. Deseo hacer lo posible por ayudarlos.

«Entonces Jesús, mirándole, *le amó*, y le dijo...» Marcos 10:21a (RVR 1960)

Durante nuestros encuentros con la gente, comenzamos a cultivar *relaciones* por medio de *demostrar* preocupación e interés sincero, y disposición para ayudarles con sus problemas y ayudarles a encontrar las respuestas que buscan.

Después de nuestros encuentros de ministración, a menudo invitamos a las personas a quedarse, a pasar tiempo y comer con nosotros. *Nace el discipulado*. El discipulado puede comenzar inmediatamente durante el encuentro inicial y continuar a partir de ese momento.

Estaba meditando sobre esto cerca del final de una de nuestras campañas de cuatro semanas, en un festival extremo, radical completamente secular. Muchos de los que habían sido ministrados durante la semana, se quedaban con nosotros durante las comidas.

Hablando con uno de nuestros líderes, dije: «¿Sabes? siento que somos como paramédicos en un campo batalla. Estamos rodeados de personas heridas y tratamos desesperadamente de llegar a ellos para vendar sus heridas y traerles sanidad y ayuda.» Luego de compartir lo que sentía, recordé este pasaje de Lucas. El comentario en paréntesis es mío:

«Y había mucha compañía de publicanos y de otros que estaban a la mesa con ellos. Y los escribas y los fariseos murmuraban contra los discípulos, diciendo: ¿Por qué coméis y bebéis con publicanos y pecadores? Respondiendo Jesús, les dijo: Los que están sanos no tienen necesidad de médico (¿o quizá un paramédico?), sino los enfermos. No he venido a llamar a justos, sino a pecadores al arrepentimiento.» Lucas 5:29-32 (RVR 1960)

A medida que comenzamos a seguir el modelo del ministerio de Jesús, comenzamos a tener resultados similares a los que Jesús tuvo.

El padre Greg Boyle comparte experiencias similares en su trabajo con pandillas en Los Angeles:

«Si leen a Marcus Borg, un estudioso de las Escrituras, y buscan en el índice la palabra "pecador", encontrarán que significa "paria". Este era un grupo de personas que se sentían totalmente rechazadas. El mundo consideraba que eran vergonzosos e ignominiosos, y como he dicho antes, esta vergüenza tóxica fue llevada al interior y encontró un hogar en los parias.

La estrategia de Jesús es simple: Él come con ellos. Precisamente Jesús les dice a los que están paralizados con esta vergüenza tóxica, "Yo comeré con ustedes". Él va allí donde el amor no ha llegado aún, y come con ellos. Comer con los marginados hacía que fueran aceptables.» (Boyle, 2010)

No estábamos muy preocupados por el nivel de compromiso mostrado por las personas que pasaban tiempo con nosotros después ministrarles. Jesús permitió que *cualquier persona* le siguiera inicialmente, pero, en algún momento de la travesía, cada persona tenía que considerar el costo y tomar la decisión personal de un compromiso total con Jesús y de convertirse en un verdadero discípulo o dar la espalda y regresar a su estilo de vida pasado. Todos llegan a ese punto decisivo en algún momento de su vida.

Miren los campos

En algunos eventos de ministración, constantemente tenemos personas haciendo fila, esperando su oportunidad de ser ministradas, en ocasiones esperando por más de una hora bajo condiciones desagradables. Frecuentemente, cuando ofrecemos disculpas por la larga espera, ellos responden diciendo algo así: «Está bien. He oído que vale la pena.»

Cuando simplemente seguimos el modelo de Jesús de ministrar *fuera* de las reuniones de la iglesia, con frecuencia tenemos a tanta gente haciendo fila para recibir oración, sanidad, palabra proféticas de ánimo y otras formas de ministración que tenemos dificultad para satisfacer la demanda.

En contraste, nuestras experiencias en reuniones de la iglesia con frecuencia no son nada así. ¿Por qué, entonces, es que la membresía de la iglesia en general en los Estados Unidos ha bajado? ¿Por qué es que las personas a menudo ven el ir a la iglesia como una tarea o una obligación desagradable?

Cuando regreso de un evento en el que tuvimos dificultad para atender la consistente demanda de ministración, escucho a personas en las iglesias y en la televisión y radio cristiana orando fervientemente a Dios por un avivamiento. No puedo evitar sentir como que acabo de regresar del 'avivamiento', pero éste no estaba dentro de la Iglesia. El avivamiento estaba *afuera*, en medio de la gente en necesidad.

He vivido dos avivamientos extensos en iglesias llenas del Espíritu Santo. En ambas instancias, Dios bendijo a Su pueblo de manera extraordinaria. Hubo sanidades, liberaciones, salvación y otras maravillosas bendiciones. Al mismo tiempo, a medida que pasaban los días de continuas reuniones de avivamiento y los voluntarios asistían noche tras noche para ayudar de diversas formas, comenzó la fatiga e incluso la desilusión; y al aumentar la duración del avivamiento, menos y menos miembros de la iglesia asistían a las reuniones.

En cambio, cuando los grupos de viajeros misioneros regresaban y compartían testimonios de sus viajes, ¡parecían estar unánimemente entusiastas, vigorizados y ansiosos de partir tan pronto como se pudiera programar! «Los setenta regresaron con gozo, diciendo: "Señor, hasta los demonios se nos sujetan en Tu nombre."» Lucas 10:17 (NBLA)

¿Por qué la diferencia?

En mi experiencia, el agotamiento puede ser señal de que estoy involucrado haciendo algo para lo cual Dios no me ha dado la gracia. Este no siempre es el caso. A veces, aunque la motivación exista, simplemente estoy cansado y necesito descansar antes de continuar.

La gracia de Dios trae con ella el deseo, la motivación y la energía para llevar a cabo Su voluntad.

Así que, si el ser voluntario en reuniones de avivamiento de la iglesia me deja exhausto y desilusionado, *pero* el ir *fuera de la iglesia* y ministrar junto con un equipo de gente me deja vigorizado y deseando más, quizá Dios esté tratando de decirme algo.

Mientras oramos fervientemente porque llegue un avivamiento a la iglesia, y esperanzados nos animamos mutuamente diciéndonos que cuando llegue la unción, tal vez en unos pocos meses, explotará un avivamiento en nuestra iglesia, quizás Jesús esté más bien diciendo:

«¿No dicen ustedes: "Todavía faltan cuatro meses para la cosecha"? Yo les digo: ¡Abran los ojos y miren los campos sembrados! Ya la cosecha está madura» Juan 4:35 (NVI)

¿Podría ser que si tan solo *saliéramos*, como Jesús lo hizo, esto sucederá, y comenzaremos a tener resultados similares a los que Jesús vió en Su ministerio? ¡Creo que la respuesta es *sí*!

CAPÍTULO 6
¿CÓMO NOS PREPARAMOS?

Cuanto mayor la oscuridad, mayor la unción

En el ministerio de Jesús, parte de la razón de Su gran impacto fue el contraste de traer luz tan grande a un lugar de tantas tinieblas.

> «El pueblo asentado en tinieblas vio una gran Luz, y a los que vivían en región y sombra de muerte, una Luz les resplandeció.» Mateo 4:16 (NBLA)

Las Escrituras nos enseñan que debemos hacer lo mismo.

> «Así alumbre vuestra luz delante de los hombres, para que vean vuestras buenas obras, y glorifiquen a vuestro Padre que está en los cielos.» Mateo 5:16 (RVR 1960)

Existen ventajas evidentes de llevar el ministerio fuera de las paredes de la Iglesia. Dios nos da incentivos para hacer esto. Junto con el impactar a las personas con el amor de Dios, crecemos exponencialmente en autoridad, fortaleza, gracia, seguridad y experiencia en las habilidades del ministerio, porque la unción de Dios aumenta a medida que salimos a ministrar.

En julio de 2009, yo estaba en Escocia esperando a que una reunión comenzara durante la conferencia CLAN.

Mientras esperada, tuve una conversación con un caballero enfrente de mí. Durante nuestra charla, él me dió una palabra profética, diciendo que yo empezaría a experimentar Ezequiel 47 en mi vida. Ese capítulo habla de cuando Ezequiel fue llevado a aguas más y más profundas a medida que se alejaba cada vez más del templo.

Nuestra conversación fue interrumpida porque la reunión estaba comenzando. El exponente de esa reunión era Heidi Baker. Aunque parezca mentira, ¡su mensaje para esa reunión se basó en Ezequiel 47! Ella nos invitó a vivir este pasaje de las Escrituras e incluso tenía estandartes de seda azul (representando aguas profundas) sobre nuestras cabezas, cubriéndonos, como un acto profético de ingresar a esta experiencia bíblica.

El principio de Ezequiel 47:1-10 es que cuanto más lejos vayamos, fuera de las reuniones tradicionales de la iglesia, hacia la oscuridad, más profundas serán las aguas. La profundidad de las aguas aquí indica el nivel de la unción del Espíritu Santo, la revelación y el poder para ministrar.

«Me hizo volver luego a la entrada de la casa; y he aquí aguas que salían de debajo del umbral de la casa hacia el oriente; porque la fachada de la casa estaba al oriente, y las aguas descendían de debajo, hacia el lado derecho de la casa, al sur del altar. Y me sacó por el camino de la puerta del norte, y me hizo dar la vuelta por el camino exterior, fuera de la puerta, al camino de la que mira al oriente; y vi que las aguas salían del lado derecho. Y salió el varón hacia el oriente, llevando un cordel en su mano; y midió mil codos, y me hizo pasar por las aguas hasta los tobillos. Midió otros mil, y me hizo pasar por las aguas hasta las rodillas. Midió luego otros mil, y me hizo pasar por las aguas hasta los lomos. Midió otros mil, y era ya un río que yo no podía pasar, porque las aguas habían crecido de manera que el río no se podía pasar sino a nado...

Y toda alma viviente que nadare por dondequiera que entraren estos dos ríos, vivirá; y habrá muchísimos peces por haber entrado allá estas aguas, y recibirán sanidad; y vivirá todo lo que entrare en este río. Y junto a él estarán los pescadores, y desde En-gadi hasta En-eglaim será su tendedero de redes; y por sus especies serán los peces tan numerosos como los peces del Mar Grande.» Ezequiel 47:1–10 (RVR 1960)

Muchas fuentes reportan que a través del ministerio de Heidi Baker en África:

- Se han comenzado diez mil iglesias. (Stafford, 2012)

- Miles de personas han sido alimentadas *todos los días*. (Baker & Baker, 2003)

- Un número incontable de personas han sido sanadas. (Stafford, 2012)

- Por lo menos cincuenta y tres personas han sido resucitadas. (Grady)

¿Por qué es que el ministerio de Heidi Baker en Mozambique ha visto tantos milagros extraordinarios de este tipo, pero nosotros no estamos viendo las mismas cosas en nuestras iglesias? ¿Podría ser debido a que ella obedeció en ir a las tinieblas de Mozambique? Ella ahora nada en aguas profundas, ¿verdad?

No es suficiente ir a la oscuridad

Pero, solo ir a la oscuridad no es suficiente. ¿Recuerda a los siete hijos de Esceva?

«Algunos judíos que andaban expulsando espíritus malignos intentaron invocar sobre los endemoniados el nombre del Señor Jesús. Decían: "¡En el nombre de Jesús, a quien Pablo predica, les ordeno que salgan!"

Esto lo hacían siete hijos de un tal Esceva, que era uno de los jefes de los sacerdotes judíos. Un día el espíritu maligno les replicó: "Conozco a Jesús, y sé quién es Pablo, pero ustedes ¿quiénes son?" Y abalanzándose sobre ellos, el hombre que tenía el espíritu maligno los dominó a todos. Los maltrató con tanta violencia que huyeron de la casa desnudos y heridos. Cuando se enteraron los judíos y los griegos que vivían en Éfeso, el temor se apoderó de todos ellos, y el nombre del Señor Jesús era glorificado.» Hechos 19:13-20 (NVI)

Debemos estar preparados y debemos tener una estrategia. Cuando vayamos a lugares en tinieblas, como lo hizo Heidi Baker, ¿cómo podemos asegurarnos de que no terminaremos como los hijos de Esceva?

Preparación

Una preparación adecuada es esencial. Jesús no envió a los doce el primer día de discipulado, y Él no los envió sin instrucciones detalladas y específicas. Para asegurar la victoria sobre las tinieblas, se necesitan por lo menos cinco aspectos de preparación:

1. Estar equipados
2. Capacitación
3. Tener práctica
4. Sentirse seguro
5. Disponibilidad

Examinemos estos cinco aspectos en mayor detalle.

Primera parte de la preparación: Estar equipados

Estar equipado significa adquirir el poder y las herramientas para un ministerio efectivo y victorioso. Estar equipado es un trabajo del Espíritu Santo y puede ser impartido por el liderazgo de la iglesia por medio de la imposición de manos. Estar equipado es la impartición del Espíritu de Dios y los dones espirituales. Jesús impartió poder a sus discípulos antes de enviarlos.

«Llamando a Sus doce discípulos, Jesús les dio poder (autoridad) sobre los espíritus inmundos para expulsarlos y para sanar toda enfermedad y toda dolencia.» Mateo 10:1 (NBLA)

«Entonces Jesús llamó a los doce y comenzó a enviarlos de dos en dos, dándoles autoridad (poder) sobre los espíritus inmundos» Marcos 6:7 (NBLA)

«Reuniendo Jesús a los doce discípulos, les dio poder y autoridad sobre todos los demonios y para sanar enfermedades.» Lucas 9:1,2 (NBLA)

«Los setenta regresaron con gozo, diciendo: "Señor, hasta los demonios se nos sujetan en Tu nombre." Y El les dijo: "Yo veía a Satanás caer del cielo como un rayo. Miren, les he dado autoridad para pisotear sobre serpientes y escorpiones, y sobre todo el poder del enemigo, y nada les hará daño.» Lucas 10:17–19 (NBLA)

Después de la resurrección de Jesús, los discípulos recibieron instrucciones de esperar en Jerusalén antes de salir, para que fueran revestidos con poder. En Hechos 1, Jesús hizo claro que este poder vendría por medio del bautismo del Espíritu Santo. También indicó que el bautismo del Espíritu Santo era necesario *antes* de que pudieran ser testigos eficaces de Él.

«Ahora voy a enviarles lo que ha prometido mi Padre; pero ustedes quédense en la ciudad hasta que sean revestidos del poder de lo alto.» Lucas 24:49 (NVI)

Una vez, mientras comía con ellos, les ordenó: —No se alejen de Jerusalén, sino esperen la promesa del Padre, de la cual les he hablado: Juan bautizó con agua, pero dentro de pocos días ustedes serán bautizados con el Espíritu Santo...Pero cuando venga el Espíritu Santo sobre ustedes, recibirán poder y serán mis testigos tanto en Jerusalén como en toda Judea y Samaria, y hasta los confines de la tierra.» Hechos 1:4–8 (NVI)

Años atrás, fui a una conferencia de Streams Ministries en el área de Boston. El jueves por la noche era una noche especial para los colaboradores del ministerio. Al final de la reunión, John Paul Jackson abrazó a cada uno de nosotros y oró por nosotros para recibir una impartición del Espíritu Santo. Cuando llegó a mí, John Paul me dio uno de sus abrazos de oso que lo caracterizan, y oró por mí para que recibiera dones y señales conforme al deseo de mi corazón...o algo así. No recuerdo las palabras exactas que usó.

Al siguiente día, hubo un almuerzo especial para los colaboradores del ministerio. Aconteció que me senté con gente que no había conocido anteriormente, pero disfrutamos conocernos. A mi izquierda, se sentó Emily y su amiga Mary, quien era la esposa de un pastor.

Más tarde, entre las sesiones de la conferencia, mientras me encontraba en camino de un salón de reuniones a otro, me volví a encontrar con Mary. Ella me vió en el pasillo y volteó hacia otra dama y le dijo: «¡Ahí está!» ¡Este es el hombre del que te conté!

Mary explicó su reacción diciéndome que cuando estábamos sentados durante el almuerzo, ¡*mis manos estaban en fuego*! Dijo que cada vez que miraba mis manos, ¡veía llamas de color naranja encendido saliendo de mis manos!

Me dijo que no había dicho nada mientras estábamos sentados porque, basándose en nuestra reacción, el resto de nosotros no lo veía y ¡ella no quería que pensáramos que había perdido la razón! Esto fue aún más extraordinario cuando me contó que nunca antes había tenido una visión sobrenatural. Para mí, esto fue confirmación de que había recibido una impartición espiritual importante de John Paul.

Yo no había visto las 'manos en fuego', ni sentido cosa alguna después que John Paul orara por mí, pero obviamente, ¡había recibido algo poderoso! Ese día aprendí que simplemente porque no *siento* algo después de una oración, ¡no significa que no *recibí* algo!

El propósito de los líderes de la iglesia

Años atrás, me senté en un teatro y escuché con el resto de la audiencia mientras un prominente ministro en liberación nos relataba historia tras historia sobre cómo había liberado dramáticamente a personas de la influencia de espíritus malignos. Luego de escuchar varias de estas historias, me encontré queriendo gritar «¡Suficientes historias! ¡Enséñeme a hacerlo!» Yo no sólo quería escuchar historias sobre liberaciones dramáticas. ¡Quería ser equipado para hacerlo!

Unas palabras a los líderes de iglesias:

Si como líderes de la iglesia, estamos haciendo la mayor parte del trabajo del ministerio nosotros mismos, es posible que no estemos atendiendo a nuestro llamado. Los líderes de la iglesia son dados a la iglesia para *equipar a otros* a hacer el trabajo del ministerio.

> «Y El dio a algunos el ser apóstoles, a otros profetas, a otros evangelistas, a otros pastores y maestros, a fin de capacitar a los santos para la obra del ministerio, para la edificación del cuerpo de Cristo» Efesios 4:11–12 (NBLA)

Los ancianos y otros líderes de la iglesia pueden ser usados para administrar el bautismo del Espíritu Santo y para impartir el poder, los dones y las unciones que ayuden a equipar el Cuerpo de Cristo. De hecho, ese es uno de los propósitos principales de los cinco ministerios.

> «Cuando vio Simón que por la imposición de las manos de los apóstoles se daba el Espíritu Santo, les ofreció dinero» Hechos 8:18 (RVR 1960)

«No descuides el don espiritual que está en ti, que te fue conferido por medio de la profecía con la imposición de manos del presbiterio» 1 Timoteo 4:14 (NBLA)

«Por lo cual te recuerdo que avives el fuego del don de Dios que hay en ti por la imposición de mis manos.» 2 Timoteo 1:6 (NBLA)

Segunda parte de la preparación: Capacitación

La capacitación se trata de una instrucción basada en la Biblia dada por maestros con experiencia ministrando bajo la guía del Espíritu Santo.

«Sabiduría ante todo; adquiere sabiduría; Y sobre todas tus posesiones adquiere inteligencia.» Proverbios 4:7 (RVR 1960)

Jesús y el apóstol Pablo también hicieron muy claro que el poder, la unción y el entusiasmo no son suficientes.

«vosotros también, poniendo toda diligencia por esto mismo, añadid a vuestra fe virtud; a la virtud, conocimiento» 2 Pedro 1:5 (RVR 1960)

«Porque yo testifico a su favor de que tienen celo de Dios, pero no conforme a un pleno conocimiento.» Romanos 10:2 (NBLA)

«He aquí, yo os envío como a ovejas en medio de lobos; sed, pues, prudentes como serpientes, y sencillos como palomas.» Mateo 10:16 (RVR 1960)

Elija maestros sabios

Parte de esta sabiduría vendrá por la experiencia obtenida con el tiempo, pero estudiar bajo el cuidado sabio y con experiencia de maestros y mentores puede acelerar la adquisición de la sabiduría.

«El que anda con sabios, sabio será; Mas el que se junta con necios será quebrantado.» Proverbios 13:20 (RVR 1960)

«Obedezcan a sus pastores (guías) y sujétense a ellos, porque ellos velan por sus almas, como quienes han de dar cuenta. Permítanles que lo hagan con alegría y no quejándose, porque eso no sería provechoso para ustedes.» Hebreos 13:17 (NBLA)

Haga su parte

Los líderes de la iglesia nos pueden impartir excelente capacitación, pero como discípulos individuales, es esencial que la reafirmemos con estudio personal y aplicación de las Escrituras.

Nuestros *maestros* pueden tener un entendimiento claro y completo de los principios de un ministerio exitoso, pero eso no *nos* ayudará mucho hasta que nosotros mismos asimilemos las verdades bíblicas y obtengamos entendimiento de primera mano por medio de nuestro propio estudio y práctica.

Debemos ser diligentes en nuestro estudio personal de las Escrituras para que podamos recibir nuestras propias revelaciones de la verdad directamente del Espíritu Santo.

«Procura con diligencia presentarte a Dios aprobado, como obrero que no tiene de qué avergonzarse, que maneja con precisión la palabra de verdad.» 2 Timoteo 2:15 (NBLA)

«Porque es necesario que el que se acerca a Dios crea que Él existe, y que recompensa a los que Lo buscan.» Hebreos 11:6 (NBLA)

Tercera parte de la preparación: Tener práctica

Es maravilloso tener dones, pero Jesús espera que *hagamos algo* con los dones que recibimos. Este es el mensaje de la parábola de los talentos en Mateo 25:14-30 (RVR 1960)

«Porque el reino de los cielos es como un hombre que yéndose lejos, llamó a sus siervos y les entregó sus bienes. A uno dio cinco talentos, y a otro dos, y a otro uno, a cada uno conforme a su capacidad; y luego se fue lejos. Y el que había recibido cinco talentos fue y negoció con ellos, y ganó otros cinco talentos. Asimismo el que había recibido dos, ganó también otros dos. Pero el que había recibido uno fue y cavó en la tierra, y escondió el dinero de su señor. Después de mucho tiempo vino el señor de aquellos siervos, y arregló cuentas con ellos.

Y llegando el que había recibido cinco talentos, trajo otros cinco talentos, diciendo: Señor, cinco talentos me entregaste; aquí tienes, he ganado otros cinco talentos sobre ellos. Y su señor le dijo: Bien, buen siervo y fiel; sobre poco has sido fiel, sobre mucho te pondré; entra en el gozo de tu señor. Llegando también el que había recibido dos talentos, dijo: Señor, dos talentos me entregaste; aquí tienes, he ganado otros dos talentos sobre ellos. Su señor le dijo: Bien, buen siervo y fiel; sobre poco has sido fiel, sobre mucho te pondré; entra en el gozo de tu señor.

Pero llegando también el que había recibido un talento, dijo: Señor, te conocía que eres hombre duro, que siegas donde no sembraste y recoges donde no esparciste; por lo cual tuve miedo, y fui y escondí tu talento en la tierra; aquí tienes lo que es tuyo.

Respondiendo su señor, le dijo: Siervo malo y negligente, sabías que siego donde no sembré, y que recojo donde no esparcí. Por tanto, debías haber dado mi dinero a los banqueros, y al venir yo, hubiera recibido lo que es mío con los intereses. Quitadle, pues, el talento, y dadlo al que tiene diez talentos.

Porque al que tiene, le será dado, y tendrá más; y al que no tiene, aun lo que tiene le será quitado. Y al siervo inútil echadle en las tinieblas de afuera; allí será el lloro y el crujir de dientes.»

Parece ser claro que Dios no nos recompensa por nuestros dones. Él nos recompensa por tomar los dones que nos ha dado y desarrollarlos hasta llegar a ser expertos altamente capaces en lo que hacemos; desenvolviéndonos con excelencia.

«Pues aunque ya debieran ser maestros, otra vez tienen necesidad de que alguien les enseñe los principios elementales de los oráculos (las palabras) de Dios, y han llegado a tener necesidad de leche y no de alimento sólido. Porque todo el que toma sólo leche, no está acostumbrado a la palabra de justicia, porque es niño. Pero el alimento sólido es para los adultos (los que han alcanzado madurez), los cuales *por la práctica* tienen los sentidos ejercitados para discernir el bien y el mal.» Hebreos 5:12-14 (NBLA)

Con frecuencia admiramos a las personas que se destacan como expertos en lo que hacen: atletas, artistas e intérpretes artísticos hacen lucir fácil lo que hacen. Puede que pasemos por alto sus impresionantes interpretaciones debido a que cuentan con la bendición de dones increíbles. La verdad es que en la mayoría de los casos, aunque comenzaron con un don, ese tan solo fue un *punto de partida* para ellos. En la mayoría de los casos, los expertos que más admiramos también se encuentran entre las personas más trabajadoras en sus áreas de especialización. A menudo son los primeros en llegar al trabajo u oficio y los últimos en irse del campo de práctica o lugar de trabajo al final del día.

Las personas me han dicho que tengo un don para enseñar. Puede que eso sea verdad, pero después de tres títulos universitarios y más de veintitrés años de experiencia en educación pública, he invertido mucho esfuerzo en convertir ese don inicial en una habilidad bien afinada.

De la misma manera, si esperamos tomar los dones que Dios nos ha dado y llevarlos niveles altos de habilidad y experiencia, debemos darnos tiempo y oportunidad para practicarlos (Hebreos 5:14). Sea que hablemos de dones espirituales o de habilidad matemática, el principio es el mismo.

Como dice el dicho: «La práctica hace la perfección». Cuando un buen maestro introduce un concepto nuevo en la clase de Matemáticas, primero lo demostrará y luego la clase trabajará en uno o varios problemas juntos. Luego, el maestro dará tiempo para una práctica grupal, dando especial atención a aquellos que puedan necesitar más ayuda. Finalmente, el maestro asignará problemas matemáticos para resolver independientemente. Un maestro con experiencia entiende que toda esta práctica, en este orden, es necesaria para que los estudiantes recuerden los conceptos y para que dominen los conocimientos aprendidos.

Parte de la mejor práctica que usted obtendrá será en viajes y campañas misioneras. Estas son excelentes oportunidades para dejar a un lado las responsabilidades diarias y tomar un tiempo para realmente enfocarse en hacer las obras de Jesús. Es increíble cuánto podemos aprender y cuánto podemos crecer simplemente por participar en estos eventos de enfoque.

¡No se de por vencido!

Todos caemos cuando primero aprendemos a caminar o a montar una bicicleta, pero con práctica, casi todos podemos dominar estas habilidades. Lo que pudiera parecer casi imposible de alcanzar en el primer intento, se convierte en instinto en un período de tiempo relativamente corto. Con constante práctica, podemos alcanzar tal nivel de dominio que podemos hacer estas cosas sin si quiera tener que pensarlo.

¡La clave está en continuar haciéndolo! ¡No se de por vencido! ¡Lo dominará si no se rinde!

Usted nunca ha oído a bebés decirse entre sí: «No creo que esto de 'caminar' sea para mí. He tratado y simplemente no lo consigo hacer. Continúo cometiendo errores. Continúo cayendo después de uno o dos pasos. Oré acerca de esto y simplemente no creo tener ese don».

Podemos aprender lecciones valiosas sobre desarrollar nuestros dones espirituales con mirar a bebés aprender a caminar. Quizá se caigan una y otra vez, pero no le dan mayor importancia a esas caídas. Simplemente se vuelven a parar e intentan otra vez, y antes de que nos demos cuenta, ya han dominado esa habilidad de caminar sin ayuda y ni siquiera recuerdan todas las caídas que tuvieron en su travesía de convertirse en expertos caminantes.

Unas palabras a los líderes

Como padres, nunca quitaríamos una bicicleta de nuestros hijos si se caen una o dos veces. Eso es parte del aprendizaje. Puede que tengan unas fuertes caídas antes de aprender a montar como expertos, pero si no se rinden, mejorarán rápidamente y pronto dominarán la habilidad de manejar la bicicleta.

Como líderes de la iglesia, debemos aplicar el mismo principio cuando brindamos orientación a los creyentes que están aprendiendo a dominar sus dones espirituales.

Los errores son parte del aprendizaje. «A fin de capacitar a los santos para la obra del ministerio, para la edificación del cuerpo de Cristo» (Efesios 4:12 NBLA), debemos permitirle a los santos la libertad de cometer errores y tener algunos fracasos en el camino, levantándolos de nuevo, desenpolvándolos y animándolos a continuar y a no rendirse.

«Porque el justo cae siete veces, y vuelve a levantarse» Proverbios 24:16a (NBLA)

Cuarta parte de la preparación:
Sentirse seguro

Muchas, pero muchas personas están equipadas y bien preparadas, pero son inútiles en el ministerio porque su inseguridad las mantiene atadas al temor. Estas personas no dan el primer paso por temor al fracaso o al rechazo.

«El temor al hombre es un lazo, Pero el que confía en el Señor estará seguro.» Proverbios 29:25 (NBLA)

Muchos en el ejército de Saúl tenían más experiencia y más destreza en la batalla que David, pero ninguno de ellos dio el primer paso para enfrentar al enemigo. ¿Por qué no?

Y ¿qué llevó a David a enfrentarse al enemigo con total seguridad de que sería victorioso, aunque no era un soldado del ejército y no contaba con una armadura para protegerse?

David tenía la seguridad del éxito.

Él ya había tenido otras batallas, con un león y con un oso, en las que había sido victorioso (1 Samuel 17:37). Como resultado de estas experiencias exitosas y victoriosas, él tenía una manera de pensar diferente a la de los demás en el ejército de Saúl.

Mientras que todos los soldados del ejército temían en su corazón y esperaban un fracaso seguro si se enfrentaban al enemigo, la idea del fracaso ni siquiera pasó por la mente de David. Ya que su experiencia previa en la batalla había sido exitosa, nunca le cruzó por la mente que podría perder, así que él no temió como lo hicieron los soldados que estaban mucho mejor equipados y capacitados.

Este principio es importante entender. ¡David fue el *menos preparado* de todos los que estaban en el campo de batalla! Pero lo que lo separaba del resto era un historial de experiencias exitosas en situaciones similares. Tener previas experiencias exitosas y victoriosas liberó a David de temer que el resultado de este nuevo desafío pudiera ser cualquier otra cosa que victorioso y exitoso.

No debemos darnos por vencidos después de un par de experiencias desalentadoras en el ministerio. Eso es parte inseparable del aprender y crecer en nuestros dones y llamados.

Un buen líder hará todo lo posible por asegurar que sus experiencias en el ministerio sean exitosas y alentadoras.

El factor de riesgo debe aumentar gradualmente, comenzando con *cero riesgo* a riesgos altos y audaces, cuando Dios está en ellos.

Cuando David dio el paso para enfrentar a Goliat, el futuro de la nación de Israel estaba en juego. El factor de riesgo era muy alto. Pero, Dios no envió a David a enfrentarse a Goliat hasta que estuvo preparado para ese momento, después de peleas preliminarias en las que David sólo defendía a unas ovejas. En las primeras dos peleas de David el factor de riesgo fue mucho menor, no hubo mucho en juego. Cuando tuvo el éxito en sus primeras dos peleas, David ganó la seguridad que necesitaba para tener éxito en una situación donde todo estaba en juego.

Quinta parte de la preparación: Disponibilidad

Para que Dios lo use en el ministerio, usted debe ponerse en una situación en la que el ministerio pueda darse. Usted debe dar el primer paso.

Pedro fue el único discípulo que caminó sobre el agua, pero él nunca hubiera podido experimentar eso si no hubiera salido del bote. ¿Y qué acerca de los otros discípulos que estaban en el bote con Pedro? ¿Podrían ellos también haber caminado sobre el agua? ¿Fue la invitación para ellos también?

«Porque en Dios no hay acepción de personas.» Romanos 2:11 (LBLA)

Si ellos lo hubieran deseado lo suficiente, ¿no los hubiera Jesús invitado a venir hacia Él también?

«Y yo os digo: Pedid, y se os dará; buscad, y hallaréis; llamad, y se os abrirá.» Lucas 11:9a (RVR 1960)

Pero, ellos no lo pidieron. Ellos no se pusieron en posición de recibir el milagro.

Es lo mismo en el ministerio. Si desea ser usado por Dios en el ministerio, *usted* debe desearlo. *Usted* debe levantarse del sofá. *Usted* debe posicionarse para ser usado en el ministerio.

¡Cosas extraordinarias comienzan a suceder a las personas que simplemente dan el paso y se posicionan donde el ministerio puede ocurrir! He presenciado esto más de una vez. Personas que nunca recibieron palabra de conocimiento del Espíritu Santo para otra persona, comienzan a recibir revelación clara *después* de atreverse a salir fuera de las paredes de la iglesia con un pequeño equipo de gente en busca de aquellos a quienes puedan ministrar.

Joe y su esposa asistieron a un taller evangelístico profético que yo había organizado en nuestra iglesia en el área de Dallas, Texas. El último día del taller salimos todos juntos a una estación del tren en Dallas. Aquellos que habían asistido al taller fueron divididos en equipos de dos o tres y enviados a encontrar a personas a quienes ministrar en el poder del Espíritu.

Joe había acompañado a su esposa al taller, pero en realidad no había estado en sus planes el salir a ministrar.

Después de varias conversaciones en la estación del tren, rotamos las personas a diferentes equipos. Hicimos esto para permitir más práctica con diferentes compañeros. Luego de cambiar los equipos, la esposa de Joe quedó en un equipo sin hombres.

Le pregunté a Joe si le importaría acompañar a estas damas porque no me sentía cómodo enviando a dos mujeres solas en las calles de Dallas. Como el caballero que es, Joe accedió.

Luego, sucedió algo curioso. Mientras Joe acompañaba a las damas cuando se acercaban a las personas en la calle, ¡él comenzó a recibir revelación del Señor sobre la gente a la que se acercaban! ¡Era innegable! Él comenzó a recibir revelación del Espíritu Santo para las personas a las que se acercaban, solo *después* de ocupar un lugar en un grupo en la estación del tren. Antes de eso, mientras se mantuvo al margen, aunque intercedía por la gente, no recibió ninguna revelación.

Comience con su prójimo

¿Por dónde comenzamos? Jesús describe a nuestro prójimo en Lucas 10 como cualquier persona en necesidad que cruza nuestro camino. Después de narrar la historia del buen samaritano, Jesús nos mandó «Ve, y haz tú lo mismo».

No necesitamos salir corriendo a un país lejano y extraño para ministrar. A medida que seamos fieles en suplir las necesidades de aquellos que cruzan nuestro camino, Dios extenderá nuestro ministerio, posiblemente a lugares lejanos, pero solo cuando estemos listos para ello. Dios es fiel. Podemos confiar que Él no nos arrojará a los lobos sin preparación ni protección alguna, quedando expuestos al peligro, como los hijos de Esceva.

Autoevaluación
¿Qué tan preparado está usted en este momento?

Objetivo: Medir su nivel actual de preparación. Este objetivo no es para intimidarlo ni desanimarlo. ¡Todos tenemos áreas en las que necesitamos crecer! Esta autoevaluación le ayudará a identificar los tipos de ayuda que usted puede ofrecer a la gente en este momento, y las áreas en las que necesita crecer y mejorar para poder estar completamente preparado para hacer las obras de Jesús.

1. Estar equipados

   a. ¿Ha recibido el bautismo del Espíritu Santo? (Hechos 19:2–6)

   b. ¿Los líderes de la iglesia han orado por usted con la imposición de manos para la impartición de los dones del Espíritu? (1 Corintios 12 y 14)

   c. ¿Aprovecha usted las oportunidades para recibir las imparticiones espirituales de líderes que viven en santidad cuando éstas oportunidades se presentan? (1 Timoteo 4:14 y 2 Timoteo 1:6)

2. Capacitación

   a. ¿Busca usted en la Palabra de Dios las respuestas a los problemas?

b. ¿Usa usted herramientas como las concordancias, diccionarios y software correspondientes en su estudio de la Biblia?

c. ¿Puede usted oír la voz de Dios de diferentes maneras?

d. ¿Tiene usted mentores o maestros a quienes respeta y de quienes aprende habitualmente? (Proverbios 13:20)

e. ¿Fluye usted en los dones del Espíritu Santo: profecía, lenguas, interpretación de lenguas, palabra de conocimiento, palabra de sabiduría, discernimiento, sanidad, milagros, fe —dentro y fuera de las reuniones de la iglesia?

f. ¿Ministra usted la sanidad física, mental y emocional de las personas —dentro y fuera de las reuniones de la iglesia?

g. ¿Ayuda usted a las personas a ser liberadas de influencias espirituales malignas —dentro y fuera de las reuniones de la iglesia?

h. ¿Interpreta usted sus propios sueños y los de los demás?

i. ¿Sabe usted cómo bautizar a alguien en agua? (Mateo 28:19)

j. ¿Sabe cómo guiar a un creyente al bautismo del Espíritu Santo?

k. ¿Puede explicar claramente a alguien cómo ser salvo?

l. ¿Puede dar consejo sabio a personas que tienen problemas en áreas de relaciones, carácter, salud, trabajo o escuela, finanzas o problemas en su relación con Dios?

¡Todos necesitamos crecer en esta área! ¡No se desanime! Tenga en cuenta que Dios usará sus propios problemas para capacitarlo para poder ayudar a otros con problemas similares.

> «Saca primero la viga de tu ojo, y entonces verás con claridad para sacar la mota del ojo de tu hermano.»
> Mateo 7:5 (LBLA)

3. Tener práctica

a. ¿Programa diariamente tiempo para la Palabra de Dios y la oración?

b. ¿Le pide a Dios que le hable de diversas maneras y mantiene usted un diario de lo que le habla?

c. ¿Lee artículos y libros escritos por líderes sabios y justos? ¿Ve sus videos y escucha sus mensajes de audio?

d. ¿Aprovecha las oportunidades para ministrar a personas en las reuniones de la iglesia?

e. ¿Ora y ministra por las necesidades de sus familiares?

f. ¿Participa usted en campañas misioneras?

g. ¿Participa usted en viajes misioneros?

h. ¿Se mantiene alerta a los 'encuentros divinos' para ministrar a las personas que cruzan su camino cada día?

4. Sentirse seguro

   a. ¿En qué área del ministerio se siente *más* seguro? Éstas podrían ser las áreas en las que usted podría servir como líder o guía para otros creyentes.

   b. ¿En qué área del ministerio se siente *menos* seguro? Quizá desee enfocarse en obtener más capacitación y práctica en estas áreas.

5. Disponibilidad

   a. ¿Qué tan rápidamente puede reorganizar su día para

   • buscar de Dios?

   • aprender o practicar habilidades para el ministerio?

   • ministrar a alguien en gran necesidad?

Capítulo 7
El modelo del ministerio

Nuestro ejemplo supremo

«Mas vosotros no habéis aprendido así a Cristo, si en verdad le habéis oído, y habéis sido por él enseñados, conforme a la verdad que está en Jesús.» Efesios 4:20-21 (RVR 1960)

En pocas palabras, Jesús es nuestro ejemplo supremo para el ministerio. De hecho, uno de los primeros mandamientos que Jesús nos dió fue «Y les dijo: *Venid en pos de mí*, y os haré pescadores de hombres», en Mateo 4:19 (RVR 1960)

Su modelo de ministerio fue continuado en el ministerio de los discípulos como se detalla en el libro de Hechos y en las epístolas. Como dijo el apóstol Pablo: *«Imítenme a mí, como yo imito a Cristo.»* (1 Corintios 11:1 NVI)

Debemos esmerarnos por entender los *caminos* de Dios, no solo sus obras.

«Sus *caminos* notificó a Moisés, Y a los hijos de Israel sus *obras*.» Salmos 103:7 (RVR 1960)

Debemos entender *cómo* es que Dios obra, no solo *lo que* hace, para que podamos cooperar plenamente con Él.

El enfoque del ministerio:
Alcanzar a la gente en su necesidad

Las primeras palabras registradas de Jesús cuando regresó de haber sido tentado en el desierto, pudieran ser una declaración que define el enfoque de Su ministerio.

> «Al día siguiente Juan estaba otra vez allí con dos de sus discípulos, y vio a Jesús que pasaba, y dijo: "Ahí está el Cordero de Dios." Y los dos discípulos le oyeron hablar, y siguieron a Jesús. Jesús se volvió, y viendo que Lo seguían, les dijo: *"¿Qué buscan?"*» Juan 1:35-40 (NBLA)

A primera vista, es difícil encontrar patrones en los encuentros que Jesús tuvo con la gente durante su ministerio. Parece ser como si cada encuentro fuese diferente y único, sin fórmulas convenientes que nos sean fáciles de seguir. Pero hay algo que todos los encuentros del ministerio de Jesús tenían en común. *Jesús siempre alcanzó a las personas en su necesidad.*

Él hizo que cada encuentro fuera personalmente relevante a ellos, abordando las necesidades y deseos que tenían en ese momento en particular en sus vidas.

Muchas estrategias evangelísticas nos animan a dirigir cada encuentro hacia la salvación, pero la salvación puede no ser lo que *esa persona ve* como la necesidad más urgente. Por ejemplo, es más difícil convencer a alguien de su necesidad de ser salvo si no está seguro de dónde vendrá su siguiente comida.

Si continuamos forzando el tema de la salvación e incluso llevamos a la persona a decir la 'oración del pecador', después de irnos, el enfoque de esa persona regresa a su necesidad más urgente y la relación con Jesús queda a un lado y fuera de su vida; igual que cuando tiramos lo que ya no nos sirve de la casa.

> «Supongamos que un hermano o una hermana no tienen con qué vestirse y carecen del alimento diario, y uno de ustedes les dice: "Que les vaya bien; abríguense y coman hasta saciarse", pero no les da lo necesario para el cuerpo. *¿De qué servirá eso?*».
> Santiago 2:15-16 (NVI)

Al recordar situaciones en mi trabajo en las que tuve la oportunidad de llevar a personas a experimentar la salvación, me doy cuenta de que cada salvación ocurrió porque estas personas expresaron necesidades genuinas, y pude establecer una conexión entre lo que ellos necesitaban y lo que Dios ya había provisto para suplir esas necesidades.

Cuando una persona se sintió sola y traicionada por sus amigos, le dije que Jesús es un amigo que se mantiene 'más unido que un hermano', cuyo amor por nosotros nunca titubea.

Cuando otros se sintieron desprotegidos y necesitaban la seguridad de protección, les describí la protección que Dios ofrece como nuestro Escudo, nuestra Fortaleza y nuestro Libertador.

Cuando otra persona expresó su necesidad de estabilidad y seguridad, le describí a Jesús, quien promete nunca dejarnos ni abandonarnos.

Al recordar las quince personas a quienes ministré salvación en mi trabajo, me doy cuenta que no llegué a ninguno de ellos con un mensaje de salvación. ¡No busqué a ninguno de ellos en lo absoluto! Simplemente respondí a una necesidad genuina que cada uno de ellos expresó. Al describirles lo que Jesús ya había provisto para suplir su necesidad en particular, la salvación fue fácil. Se dio de forma muy natural. No les traté de vender o presionar con el mensaje de salvación. Eso no fue necesario. Cuando la gente vio que Dios tenía respuestas reales para suplir sus necesidades, ellos lo aceptaron con entusiasmo.

La conducta señala una necesidad

A veces las necesidades son obvias. Otras necesidades son más difíciles de identificar. A menudo, la conducta señala una necesidad en la vida de alguien, pero puede ser difícil vincular esa señal a la necesidad correcta.

Una conducta inapropiada oculta una necesidad. La conducta inapropiada podría ser un pedido de auxilio.

Los expertos en conducta nos enseñan que cuando una persona tiene una conducta errónea o inapropiada, sea una travesura o incluso un delito, se debe a que la persona busca suplir una necesidad que tiene y toma una mala decisión sobre cómo solucionarla. (Shah, 2013)

Las necesidades de una persona la llevan a tomar acción para tratar de suplir esas necesidades. Si una persona no encuentra a Jesús, podría recurrir a sustitutos temporales que no ofrecen una satisfacción verdadera, como el entretenimiento, las drogas y el alcohol, el dinero, la profesión, la comida emocional, la religión o relaciones inmorales.

Enfóquese en la otra persona

Jesús hizo que cada encuentro se tratara de *la otra persona* y donde sea que esa persona se encontraran en la vida, no sobre Él: «¿Qué *estás* buscando?» En lugar de tener sus propios planes para cada encuentro, Él personalizó cada encuentro de acuerdo a las necesidades o deseos de la persona.

«—*¿Qué quieres que haga por ti?* —le preguntó. —Rabí, quiero ver —respondió el ciego.» Marcos 10:51 (NVI)

En ese momento, Él se convirtió en su mejor amigo, asumiendo sus metas como las suyas, caminando junto a esa persona para ayudarle a alcanzar lo que más necesitaba y deseaba.

«No mirando cada uno por lo suyo propio, sino cada cual también por lo de los otros.» Filipenses 2:4 (RVR 1960)

«Sobrellevad los unos las cargas de los otros, y cumplid así la ley de Cristo.» Gálatas 6:2 (RVR 1960)

Deje a un lado sus planes

De la misma manera, debemos de tener cuidado de no tener un plan predeterminado para nuestros encuentros con la gente.

En la Iglesia, hemos llevado a cabo campañas completamente al revés. Hemos tenido nuestro método para alcanzar a las personas y hemos tratado de imponerlo en la ciudad, como si lo que ofrecemos debería encajar en su situación, obligando a la ciudad a adaptarse a lo que ofrecemos, en lugar de averiguar cuáles son las necesidades y luego diseñar la estrategia de nuestra campaña para suplir esas necesidades.

Un mejor modelo sería este:

1. Cultivar relaciones.

2. Averiguar qué necesitan las personas; qué les beneficiaría.

3. *Entonces*, diseñar la campaña para suplir esa necesidad.

Nos pueden guiar dos motivaciones básicas al relacionarnos con las personas: podemos amarlas o podemos usarlas. Las personas tienen la habilidad innata de detectar qué motivación nos está guiando.

Si llegamos a un encuentro con nuestros propios planes, tratando de dirigir a la persona en una dirección en particular, como un vendedor tratando de 'cerrar la venta', la persona sentirá que realmente no la amamos.

Esta persona percibirá que simplemente la estamos usando para nuestros propios propósitos y se resistirá, poniendo una barrera de protección en contra de nuestro plan egoísta. Luego, retrocederá y se marchará, reforzando sus defensas y, posiblemente, contraatacando, como un ejército defendiéndose en contra de una fuerza que invade su territorio.

Con amor desinteresado

El método de Jesús era diferente. Él no tenía ninguna motivación egoísta. Él no tenía ningún plan egoísta. El apóstol Pablo hizo eco de la motivación desinteresada de Jesús:

«Y yo con el mayor placer gastaré lo mío, y aun yo mismo me gastaré del todo por amor de vuestras almas, *aunque amándoos más, sea amado menos.* Pero admitiendo esto, que yo no os he sido carga, sino que como soy astuto, os prendí por engaño, ¿acaso os he engañado por alguno de los que he enviado a vosotros? Rogué a Tito, y envié con él al hermano. ¿Os engañó acaso Tito? ¿No hemos procedido con el mismo espíritu y en las mismas pisadas? ...y *todo, muy amados, para vuestra edificación.*» 2 Corintios 12:15-19 (RVR 1960)

Las personas percibieron que Jesús no tenía ninguna otra motivación más que un amor puro y sincero por ellos, y una disposición de suplir sus necesidades y deseos más profundos. Ellos respondieron abriéndose a Él y suplicándole que supliera las necesidades que tenían. El amor que Él expresó los atrajo tanto que lo seguían centenas y millares a donde sea que iba.

Acercando a las personas a Jesús

Jesús deja muy claro en Juan 6:26 que *no* son las demostraciones milagrosas lo que causa que las personas se conviertan en discípulos. Las personas buscan algo que supla sus necesidades.

«Jesús les respondió: "En verdad les digo, que Me buscan, no porque hayan visto señales (milagros), sino *porque han comido de los panes y se han saciado.*» Juan 6:26 (NBLA)

Con demasiada frecuencia, nuestras estrategias para alcanzar a las personas solo se han enfocado en llevar a las personas a la salvación, ignorando, por lo menos temporalmente, cualquier otra necesidad que puedan haber tenido, sin importar cuán urgentes. "Después de todo", razonamos, "no hay nada más grande que la salvación eterna".

Lo que no hemos entendido es que cuando las necesidades de las personas son realmente cubiertas, ellos, naturalmente, se sentirán atraídos a la fuente que les brindó las respuestas para suplir esas necesidades en sus vidas.

Tendremos la mayor eficacia en nuestros esfuerzos ministeriales cuando busquemos alcanzar a las personas con las que tenemos contacto diariamente, en el amor y poder de Jesucristo, con la intención de *suplir sus necesidades*.

Las prioridades de Dios para el ministerio

Si usted creció en una iglesia evangélica, es posible que se le haya enseñado que cuando esté ante la presencia del Señor tendrá que dar cuenta por cada situación en la que no compartió el evangelio con alguien con quien tuvo oportunidad de hacerlo, pero Jesús nos enseña claramente sobre qué tendremos que dar cuenta en Mateo 25:34-40. Note lo que Él enfatiza en su criterio:

«Entonces el Rey dirá a los de Su derecha: 'Vengan, benditos de Mi Padre, hereden el reino preparado para ustedes desde la fundación del mundo.

Porque tuve hambre, y ustedes Me dieron de comer; tuve sed, y Me dieron de beber; fui extranjero, y Me recibieron;

estaba desnudo, y Me vistieron; enfermo, y Me visitaron; en la cárcel, y vinieron a Mí.'

Entonces los justos Le responderán, diciendo: 'Señor, ¿cuándo Te vimos hambriento y Te dimos de comer, o sediento y Te dimos de beber?

¿Y cuándo Te vimos como extranjero y Te recibimos, o desnudo y Te vestimos?

¿Cuándo Te vimos enfermo o en la cárcel y vinimos a Ti?'

«El Rey les responderá: 'En verdad les digo que en cuanto lo hicieron a uno de estos hermanos Míos, aun a los más pequeños, a Mí lo hicieron.'» Mateo 25:34-40 (NBLA)

En ninguna parte de este pasaje se menciona el 'testificar' (compartir el evangelio de salvación) como un criterio. Por supuesto, no estamos diciendo que debemos ser negligentes en la predicación del evangelio. Pero si predicamos el evangelio sin demostrar el amor y el poder de Jesús para suplir las necesidades de las personas, estamos presentando un evangelio incompleto.

En la experiencia de muerte de Bob Jones, en agosto de 1975, él vió que el mismo Señor Jesús se paró como La Puerta para recibir a las personas que acababan de morir. Jesús recibía a las personas una por una y les preguntaba sólo una cosa. Él nos les preguntaba a cuántas personas le habían testificado. Él nos les preguntaba cuánto dinero dieron a la iglesia. Él nos les preguntaba si fueron fieles yendo a todos los servicios de la iglesia. Sólo les hizo esta pregunta: «¿Aprendiste a amar?» (Jones & Warner).

Puede escuchar a Bob Jones relatar esta historia en sus propias palabras en el internet. Hay varios videos en el idioma inglés en YouTube en los que Bob mismo narra esta experiencia. Si entiende el idioma inglés, puede buscar esta historia escribiendo "Bob Jones death experience" o "Bob Jones Did you learn to love?"

Nicodemo

La necesidad de salvación es la necesidad más importante en la vida de toda persona. Sin embargo, Jesús, *quien sabía esto mejor que nadie*, rara vez, o de hecho, *nunca* comenzó una conversación hablando sobre la necesidad de salvación de una persona. Quizá usted quiera decir: «Pero, ¡espere un momento! ¿Qué acerca de Nicodemo en Juan 3? Jesús comenzó esa conversación diciendo: "De cierto, de cierto te digo, que el que no naciere de nuevo, no puede ver el reino de Dios."»

Es verdad. Jesús sí comenzó hablando sobre la necesidad de nacer de nuevo, pero esa fue una conversación teológica con una maestro judío de alto rango. El objetivo de Jesús en esa conversación parecía ser el ampliar el entendimiento de la verdad en Nicodemo, lo cual Nicodemo luego podría comunicar a aquellos en su esfera de influencia.

Si esto más bien fue un intento de llevar a Nicodemo a la salvación personal, parecería haber sido un fracaso. Al final del encuentro, los dos hombres parecen haberse ido por su propio camino. No hay nada registrado que diga que Nicodemo siguió a Jesús como uno de sus discípulos después de ese encuentro. En Juan 7:50, Nicodemo regresó con los fariseos como 'uno de ellos'. No existe ninguna evidencia de que Nicodemo se haya convertido o haya confesado a Jesús como el Mesías, aunque haya simpatizado con la causa de Jesús y, junto a José de Arimatea, haya cuidado del cuerpo de Jesús después de Su muerte.

Por lo general, en el ministerio de evangelización, la Iglesia ha seguido su propio programa, el cual ha sido presionar o empujar a la gente a la salvación. En contraste, Jesús dio un giro completo a ello con la pregunta: «¿Qué quieres que haga por ti?» ¿Qué *necesitas*? ¿Qué *buscas*? ¿Cuáles son *tus* metas? Nuestro enfoque debe ser el mismo.

Llegando a este punto, le recomiendo encarecidamente que ponga este libro a un lado y lea el capítulo 10 de «Ángeles en Asignación» por Roland Buck (Buck, Hunter, & Hunter). Puede leer el libro completo en el internet en www.angelsonassignment.org/pdf. También puede ordenar la copia impresa por medio de Amazon.com, la cual, en su versión impresa, se titula «Ángeles en misiones especiales».

Roland Buck fue un pastor en Boise, Idaho, que vivió la increíble experiencia de ser visitado por ángeles de Dios en muchas ocasiones. Con lo maravilloso que fueron estas visitas angelicales, el mensaje que trajeron sobre el corazón de Dios es de mucho, mucho más valor. Realmente recomiendo leer todo el libro, pero, por ahora, por favor tome un tiempo para leer el capítulo 10: "¡Cuando Dios Dice Gracias!".

Práctica de discipulado:
Ver las necesidades alrededor nuestro

Objetivo: Estar más alertas de las necesidades de las personas alrededor nuestro y comenzar a prepararnos a suplir esas necesidades.

1. Haga una lista de personas con quienes usted se comunica con regularidad.

2. Junto al nombre de cada persona, escriba por lo menos una de sus necesidades más urgentes.

   a. Si no tiene conocimiento de las necesidades de alguien, use eso como una señal de que necesita tomar un tiempo para hacer las preguntas adecuadas, escuchar y aprender más sobre lo que esa persona está pasando en este momento de su vida.

3. Escoja una de las necesidades de una persona y comprométase a ayudarle a suplir esa necesidad. Al hacer esto, está cumpliendo con el mandamiento de Cristo:

«Este es mi mandamiento: Que os améis unos a otros, como yo os he amado. Nadie tiene mayor amor que este, que uno ponga su vida por sus amigos.» Juan 15: 12–13 (RVR 1960)

Tal vez necesite obtener más conocimiento o aprender habilidades para suplir la necesidad de a. Dése cuenta que si se prepara para ministrar eficazmente la necesidad de una persona, también se estará preparando para ayudar a *muchas otras* con necesidades similares. Esta experiencia de crecimiento le dará más 'herramientas' para su 'cinturón de herramientas'.

Capítulo 8
Enfocándose en la Necesidad

En lo que a Dios le interesa

Como el ángel le dijo a Roland Buck, si deseamos saber lo que a Dios realmente le interesa, podemos encontrarlo en el capítulo 58 de Isaías:

«¿No es éste el ayuno que Yo escogí: Desatar las ligaduras de impiedad, Soltar las coyundas del yugo, Dejar ir libres a los oprimidos, Y romper todo yugo?

¿No es para que compartas tu pan con el hambriento, Y recibas en casa a los pobres sin hogar; Para que cuando veas al desnudo lo cubras, Y no te escondas de tu semejante?

Entonces tu luz despuntará como la aurora, Y tu recuperación brotará con rapidez. Delante de ti irá tu justicia; Y la gloria del Señor será tu retaguardia.

Entonces invocarás, y el Señor responderá; Clamarás, y El dirá: 'Aquí estoy.' Si quitas de en medio de ti el yugo, El amenazar con el dedo y el hablar iniquidad,

Y si te ofreces ayudar al hambriento, Y sacias el deseo del afligido, Entonces surgirá tu luz en las tinieblas, Y tu oscuridad será como el mediodía.

El Señor te guiará continuamente, Saciará tu deseo en los lugares áridos Y dará vigor a tus huesos. Serás como huerto regado Y como manantial cuyas aguas nunca faltan.

Los tuyos reedificarán las ruinas antiguas. Tú levantarás los cimientos de generaciones pasadas, Y te llamarán reparador de brechas, Restaurador de calles donde habitar.» Isaías 58:6-12 (NBLA)

Alcance a la gente en su necesidad

Muchas de las cosas en las que nos enfocamos en la vida, así como en el ministerio, tienen muy poca importancia o no son perdurables. Las personas sí lo son. Las personas importan y su importancia es perdurable, tanto así que Jesús estuvo dispuesto a pagar el más alto precio por ellos.

Cuando nos enfocamos en suplir las necesidades de la gente, *entonces* tenemos una vida y un ministerio que Dios honra y recompensa.

«Supongamos que un hermano o una hermana no tienen con qué vestirse y carecen del alimento diario, y uno de ustedes les dice: "Que les vaya bien; abríguense y coman hasta saciarse", pero no les da lo necesario para el cuerpo. *¿De qué servirá eso?*» Santiago 2:15-16 (NVI)

Dios consideró a Job un «hombre perfecto'» (Job 1:8). Así es como Job describió su propia vida y ministerio:

«Los que me oían, me elogiaban; los que me veían hablaban bien de mí. Pues yo ayudaba a los pobres en su necesidad y a los huérfanos que requerían ayuda.

Ayudaba a los que estaban sin esperanza y ellos me bendecían; y hacía que cantara de alegría el corazón de las viudas. Siempre me comportaba con honradez; la rectitud me cubría como un manto y usaba la justicia como un turbante. Yo era los ojos de los ciegos, y los pies de los cojos. Era un padre para los pobres y ayudaba a los extranjeros en necesidad. Rompía la cara de los opresores incrédulos y arrancaba a sus víctimas de entre sus dientes.» Job 29:11-17 (NTV)

Cuando Jesús comenzó su ministerio, declaró su propia "misión":

«El Espíritu del Señor está sobre mí, Por cuanto me ha ungido para dar buenas nuevas a los pobres; Me ha enviado a sanar a los quebrantados de corazón; A pregonar libertad a los cautivos, Y vista a los ciegos; A poner en libertad a los oprimidos; A predicar el año agradable del Señor.» Lucas 4:18–19 (RVR 1960)

Hay una cosa que todos los encuentros del ministerio de Jesús tuvieron en común. *Jesús siempre alcanzó a las personas en su necesidad.* «Jesús se volvió y, al ver que lo seguían, les preguntó:

—¿Qué buscan?» Juan 1:35-40 (NVI)

El ejemplo de Heidi y Rolland Baker

Heidi y Rolland Baker de Iris Ministries han adoptado este enfoque de suplir las necesidades de las personas a quienes encuentran, y lo demuestran de diversas formas. Constantemente, refuerzan este enfoque diciendo cosas como: «deténgase por esa persona», «ame a esa persona» y «simplemente ame al que está en frente suyo» (Velu, 2004).

En este momento, deje de leer. Busque la película «Mama Heidi» (disponible solamente en inglés) y véala. Puede comprarla o rentar el DVD en Amazon.com, o por medio de muchos otros minoristas cristianos o seculares. También puede verla en el Internet por medio de Netflix, Amazon Prime u otro servicio de transmisión de videos.

Heidi y Rolland Baker son los mejores ejemplos que yo conozco de personas que 'hacen las obras de Jesús'. La película «Mama Heidi» (solo disponible en el idioma inglés) lo transportará a sus vidas y ministerio. Le mostrará su enfoque en suplir las necesidades de aquellos a quienes encuentran. Ellos entienden esto muy bien. Ellos no ministran con un plan predeterminado. Ellos van a donde están las personas, descubren sus necesidades y luego hacen lo pueden para suplir esas necesidades. En ocasiones, la necesidad es espiritual, pero, la mayor parte del tiempo parecen invertirlo en cubrir sus necesidades físicas y emocionales. Ellos brindan soluciones para las necesidades en el área de salud, educación, alimento y agua, albergue, familia, vestimenta, así como compartiendo las buenas nuevas de la salvación por medio de Cristo. Ellos brindan amor, en cualquier forma que se necesite.

Cuando vea la película, verá muchas demostraciones de amor genuino:

- Quinientas personas han ido a vivir con ellos; ocho niños viven con ellos en su propia casa.

- Salieron a una situación muy riesgosa, confiando en Dios, no poniendo sus propias necesidades primero.

- Acudieron a los desagradables, a los marginados, a los que no podían cuidar de sí mismos.

- *Buscaron a* personas con necesidades, sin esperar que las personas vinieran a ellos.

- Invirtieron de su tiempo personal diariamente con personas.

- Trataron a cada persona como alguien importante. Estuvieron alertas a las necesidades individuales. Cuando llegó gente nueva a vivir con ellos, estas personas se bañaron en la propia casa de los Baker.

- Los Baker se tomaron el tiempo de conocer a cada persona y de aprender detalles sobre su vida.

- Ellos vieron el potencial en cada persona.

- Demostraron el amor de Dios *primero* y después explicaron el evangelio.

- El personal estuvo 'sobrecargado' ya que la necesidad era muy grande.

- Ya que fueron fieles en enfocarse en suplir la necesidad de cada persona, Dios les honró y extendió su influencia a nivel mundial.

- Comenzaron en un edificio que nadie quería, 'lo peor de lo peor'.

- Perseveraron a pesar de adversidades, robos, agotamiento, persecución e interferencia del gobierno.

- Heidi es conocida como 'Mamá' y vista como tal, incluso por personas que no son parte de su ministerio.

- Ellos creen en la promesa que Jesús les hizo: «Morí para que siempre hubiera suficiente». Así que ellos nunca le cierran la puerta a un niño en necesidad.

- Ministran a la 'persona entera', supliendo cualquier necesidad que tenga.

- Van a lugares donde otros ministros no van. Dijeron «sí» cuando otros ministros respondieron «no» al llamado.

- Hay abundancia de fruto del ministerio a medida que los que han sido rescatados, rescatan a otros.

- Buscan lo que es mejor para las personas que ayudan.

- Confían en Dios diariamente para sus necesidades básicas.

- Su gozo es ver que otros tengan éxito después de ser rescatados de las calles.

- ¿Dónde estarían esas personas si Heidi y Rolland no hubieran acudido a ellos?

  Como dicen Heidi y Rolland en la película:

- «Nuestra vida ha sido una historia ininterrumpida de dar a los demás».

- «Simplemente ame al que está enfrente suyo».

- «Si usted dice que ama a Dios, entonces, amará a la persona que está enfrente suyo».

• «Cambiando una persona a la vez, cambiarán naciones enteras».

«Entonces dirá el Rey a los que estén a su derecha: "Vengan ustedes, a quienes mi Padre ha bendecido; reciban su herencia, el reino preparado para ustedes desde la creación del mundo. Porque tuve hambre, y ustedes me dieron de comer; tuve sed, y me dieron de beber; fui forastero, y me dieron alojamiento; necesité ropa, y me vistieron; estuve enfermo, y me atendieron; estuve en la cárcel, y me visitaron."

Y le contestarán los justos: "Señor, ¿cuándo te vimos hambriento y te alimentamos, o sediento y te dimos de beber? ¿Cuándo te vimos como forastero y te dimos alojamiento, o necesitado de ropa y te vestimos? ¿Cuándo te vimos enfermo o en la cárcel y te visitamos?"

El Rey les responderá: "Les aseguro que todo lo que hicieron por uno de mis hermanos, aun por el más pequeño, lo hicieron por mí.» Mateo 25:34-40 (NVI)

Capítulo 9
Sea hacedor, no solamente oidor

«Pero sed hacedores de la palabra, y no tan solamente oidores, engañándoos a vosotros mismos.» Santiago 1:22 (RVR 1960)

«Supongamos que un hermano o una hermana no tienen con qué vestirse y carecen del alimento diario, y uno de ustedes les dice: "Que les vaya bien; abríguense y coman hasta saciarse", pero no les da lo necesario para el cuerpo. *¿De qué servirá eso?*» Santiago 2:15-16 (NVI)

«Pero yo, cuando ellos estaban enfermos, vestía de cilicio; Humillé mi alma con ayuno, Y mi oración se repetía en mi pecho. Como por mi amigo, como por mi hermano, andaba de aquí para allá; Como el que está de duelo por la madre, enlutado me encorvaba.» Salmos 35:13-14 (NBLA)

Práctica de discipulado:
Convierta su lista de oración en una lista de necesidades

Objetivos: Ayudarnos a estar más conscientes de la necesidad de los demás y enfocarnos en suplir esa necesidad

Con mucha frecuencia, cuando ponemos a las personas en nuestra 'lista de oración', nos limitamos a *solamente* orar por ellos. Si convertimos nuestra lista de oración en una 'lista de necesidades', es más probable que nos involucremos en suplir necesidades en la vida de las personas.

• Póngase la meta personal de no poner a nadie en su lista de oración a menos que esté dispuesto a involucrarse personalmente en ayudar a suplir las necesidades de esa persona, cuando sea posible y adecuado.

• Cuando acuerde poner a alguien en su lista de oración, considere un compromiso personal el apoyar a esa persona a través de esa situación hasta que la oración sea contestada. Quizá esto no sea siempre posible o práctico, pero si nos ponemos esta meta, estaremos más cerca de «sobrellevar los unos las cargas de los otros, y cumplid así la ley de Cristo.» (Gálatas 6:2).

• Cuando estamos dispuestos a involucrarnos en ayudar a suplir las necesidad de aquellos por quienes oramos, como resultado, comenzaremos a desarrollar un amor genuino por ellos:

«Porque donde esté el tesoro de ustedes, allí también estará su corazón.» Lucas 12:34 (NBLA)

Práctica de discipulado:
Incluya a otros en sus oraciones personales

Objetivos: Ayudarnos a desarrollar un corazón de siervo, expresando un amor genuino por los demás al orar por sus necesidades como si fueran las nuestras.

Cuando ore por usted mismo, pidiéndole a Dios que *lo* bendiga de diferentes maneras, piense en otras personas en su vida que podrían beneficiarse de las mismas bendiciones. Ore que Dios los bendiga *a ellos* de la misma manera que usted le pide a Dios lo bendiga *a usted*. Inclúyalos en sus oraciones cuando pide por usted mismo.

(¡Pedirle a Dios que bendiga a *sus enemigos* puede ser una excelente manera de ayudarle a vencer cualquier amargura hacia ellos!)

Por ejemplo, para hacer esto usando el Padre Nuestro, puede orar algo así:

«Padre nuestro que estás en los cielos, santificado sea tu nombre. Venga tu reino. Hágase tu voluntad, como en el cielo, así también en la tierra. *Por mí, por mi familia y especialmente por Eric y Stacy, quienes han tenido mucha dificultad últimamente*, el pan nuestro de cada día, dánoslo hoy...»

«No buscando cada uno sus propios intereses, sino más bien los intereses de los demás.» Filipenses 2:4 (LBLA)

«Amarás a tu prójimo *como a ti mismo*.» Marcos 12:31 (NBLA)

«Y quitó Jehová la aflicción de Job, *cuando él hubo orado por sus amigos*; y aumentó al doble todas las cosas que habían sido de Job.» Job 42:10 (RVR 1960)

«Confesaos vuestras ofensas unos a otros, y *orad unos por otros, para que seáis sanados.*» Santiago 5:16 (RVR 1960)

Cultive la relación

Con frecuencia, las oportunidades para ministrar surgen fuera del contexto de las relaciones. Una persona casi nunca revela problemas profundos y personales a un extraño.

Pueden pasar años antes de que un amigo se sienta lo suficientemente cómodo para confiarle algo sobre sus necesidades más profundas. Por esta razón, es importante mantenerse abierto a la relación. Cultive y fortalezca la relación. Es posible que la otra persona quiera alejarlo, pero, en algunos casos, usted puede responder adoptando la postura que tomó Rut cuando Noemí trató de deshacerse de ella:

«¡Que Dios me castigue severamente si permito que algo nos separe, aparte de la muerte!» Rut 1:17b (NTV)

Eso no significa que va a convertir a las personas en proyectos. Usted será más efectivo si no tiene un plan, más bien tenga una relación. ¡Simplemente esté disponible! Si la gente sabe que usted siempre estará disponible cuando necesiten algo, estarán más inclinados a compartir sus verdaderos problemas con usted. Entonces, usted estará en posición de compartir las repuestas de Dios con ellos, cuando sea el momento adecuado.

Haga más de lo esperado

Haga más de lo esperado. Busque intencionalmente la manera *de hacer más de lo esperado* para demostrar amor a las personas. Envíe una nota. Envíe una tarjeta en un día que no sea su cumpleaños. Pase tiempo con la persona. Póngase a disponibilidad de la persona. Llámela por teléfono. Destaque cualidades que admira de la persona. Compre un libro para obsequiarle y escriba palabras de ánimo dentro de la portada. Envíele flores. Dígale que lo mantiene en sus pensamientos y oraciones. Recuérdele los buenos recuerdos que tiene de esa persona.

Establezca límites

En ocasiones, cuando se involucre más en la vida de los que le rodean, puede que alguien trate de aprovecharse de su generosidad. Puede que existan situaciones en las que usted sienta que está siendo usado por personas que tienen sus propias motivaciones. Si estas situaciones amenazan el que usted pueda cumplir con su responsabilidad con Dios, con usted mismo o los demás, tal vez tenga que establecer límites para protegerse de intentos inapropiados de usarlo o abusarlo. Si las personas no ponen los límites adecuados en su trato con usted, entonces usted tendrá que establecer esos límites.

Por ejemplo, uno de mis lugares favoritos para ministrar a las personas es en una estación de tren. Pero, cuando otros creyentes vienen conmigo, les aconsejo que no traigan dinero. De esa manera, cuando alguien en la estación de tren pide una limosna, es más fácil redirigir la conversación a la verdadera necesidad de la persona. Pedro demostró esto con el hombre en la puerta del templo llamada la Hermosa:

«Mas Pedro dijo: No tengo plata ni oro, pero lo que tengo te doy; en el nombre de Jesucristo de Nazaret, levántate y anda.» Hechos 3:6 (RVR 1960)

Darle dinero al hombre hubiera asegurado que su situación continuara igual. Sanarlo de su condición lisiada abordó su verdadera necesidad y cambió su vida para siempre.

Jesús tuvo que protegerse Él mismo y a Su ministerio constantemente de aquellos que lo desviarían de su camino, intencional o no intencionalmente:

«Pero Jesús mismo no se fiaba de ellos, porque conocía a todos, y no tenía necesidad de que nadie le diese testimonio del hombre, pues él sabía lo que había en el hombre.» Juan 2:24-25 (RVR 1960)

Nehemías también fue pronto para discernir y rechazar los intentos de distraerlo del verdadero propósito de su vida:

«Y les envié mensajeros, diciendo: Yo hago una gran obra, y no puedo ir; porque cesaría la obra, dejándola yo para ir a vosotros.» Nehemías 6:3 (RVR 1960)

Cerrados a Jesús

Mucha gente no está abierta ni siquiera para hablar de Jesús. Puede que sean ateos, agnósticos o que tengan otras creencias religiosas. Existen muchas razones por las que no quieren abrirse.

En estos casos, generalmente no ayuda forzar el tema de Jesús, la Biblia o la salvación a gente con esta actitud. Lo más probable es que el Padre aún no los está acercando.

«Nadie puede venir a Mí si no lo trae el Padre que Me envió, y Yo lo resucitaré en el día final.» Juan 6:44 (NBLA)

Aquí, la mejor estrategia es que en lugar de forzar conversaciones sobre Jesús, cooperemos con Dios orando para que el Padre los atraiga a Jesús. Cultive la relación con ellos. Esté disponible para ellos. Mientras usted ora, es posible que Dios permita que lleguen problemas o necesidades a la vida de ellos. Estos problemas o necesidades podrían ser justamente lo que motivará que busquen ayuda más allá de ellos mismos. Cuando estos amigos, conocidos o familiares vengan a usted pidiendo ayuda con sus problemas, entonces, usted podrá tener la oportunidad de compartir las soluciones que Dios ofrece para suplir sus necesidades.

Si usted no tiene las respuestas a sus problemas, no los deje ir. Dios tiene las respuestas. Pregúntele a Él. Entonces, esté alerta para reconocer las respuestas cuando éstas lleguen.

«Pedid, y se os dará; buscad, y hallaréis; llamad, y se os abrirá. Porque todo aquel que pide, recibe; y el que busca, halla; y al que llama, se le abrirá.» Mateo 7:7-8 (RVR 1960)

Escépticos pero abiertos

Algunas personas están escépticas acerca de Jesús, pero puede que expresen curiosidad o interés de conocer más sobre Él. En estas situaciones, quizá sea mejor responder a sus preguntas completamente, explicando las cosas lo más directo y claramente posible, sin tratar de 'empujarlos' en ninguna dirección en particular.

Si usted no tiene las respuestas a sus problemas, admítalo honestamente. Quizá le hagan preguntas difíciles para probarlo. ¿Inventaría usted algo, jugando el papel de 'sabelotodo' o admitiría honestamente que no tiene todas las respuestas? Los escépticos no están buscando a un sabelotodo. Buscan a un cristiano genuino y honesto, a alguien que vive lo que profesa.

La persona que hace las preguntas está tratando de obtener información para tomar una decisión que tendrá consecuencias eternas para él o ella. Sea honesto. Sea directo. Sea auténtico.

Pero, también sea cuidadoso. Dentro de lo posible, no haga nada que pueda dañar la relación. No ofenda innecesariamente. *¡No* presione! No espere una decisión instantánea de esa persona.

Jesús permitió a Pedro y a los otros discípulos que le siguieran por meses antes de finalmente preguntarles lo que pensaban de Él (vea Mateo 16:13-17). ¿No merece la gente con la que usted tiene contacto la misma consideración? Después de todo, la decisión de seguir a Cristo es mucho más importante que elegir una universidad o profesión, y ¡*esas* decisiones pueden tomarle *años* a algunas personas!

Expandiendo su influencia

A medida que usted es fiel en responder adecuadamente a las personas que cruzan su camino, Dios extenderá su influencia a otros grupos de personas: otras denominaciones cristianas, otras religiones, musulmanes, budistas, hindúes, seguidores de la nueva era, ocultistas, ateos y hasta los miembros de su familia.

Esa ha sido mi experiencia.

Capítulo 10
¿Responderá al llamado?

Después de esto, ¿cuál es el siguiente paso?

Nos hemos estado enfocando en los principios básicos que guiaron el ministerio de Jesús y que también deben guiar nuestras propias vidas y ministerios:

• Las oportunidades más importantes de ministerio suceden fuera de las reuniones de la iglesia.

• Muchos encuentros divinos llegan a nosotros como interrupciones, en medio de eventos programados, mientras vivimos nuestra vida diaria.

• Un enfoque en las necesidades de las personas que cruzan nuestro camino.

Hemos destacado el ejemplo de Heidi Baker como alguien que realmente está haciendo las obras de Jesús y está viviendo la vida de un discípulo que ama.

¡Este es solo el comienzo!

El liderazgo de la iglesia debe comprometerse a brindar su apoyo para prepararnos a ministrar de la misma manera.

- Estar equipados

- Estar capacitados

- Tener práctica

Pero, aun si los líderes de la iglesia no brindan todo el apoyo que necesitamos, Dios puede suplir estas cosas si se lo pedimos. Él puede convertirse en su mentor y entrenador personal, ¡como Él lo fue para Samuel, Moisés, David, Elías y muchos otros!

«No espere a los líderes. Hágalo sólo, de persona a persona» —Madre Teresa

El siguiente paso es prepararse y luego entrar al llamado alto de Dios como individuos y como iglesia, desarrollando habilidades y seguridad, y poniéndonos a la disponibilidad del ministerio.

¿Aceptará el llamado alto de Dios?

Ahora que ve lo que Dios está pidiendo, la pregunta de Él a usted es: «¿Aceptarás el llamado?»

Se encuentra en un momento decisivo. Puede aceptar el llamado alto que Dios le está haciendo o puede seguir con su vida normal.

El versículo del cual necesita estar informado en este momento es 2 Crónicas 16:9:

«Porque los ojos del SEÑOR recorren toda la tierra para fortalecer a aquellos cuyo corazón es completamente suyo.» 2 Crónicas 16:9 (LBLA)

El Señor está buscando por toda la tierra a *alguien* que acepte Su llamado alto. Si usted acepta Su alto llamado, el Señor estará esperando para apoyarlo poderosamente en él. Si usted decide seguir con su vida normal, los ojos del Señor pasarán a buscar a alguien más, a quien le presentará la misma oferta.

¿Cómo sé esto? Porque las Escrituras dan testimonio de que así es como Dios lo hace. En las Escrituras, el Señor nos dio historias de individuos y grupos de personas que rechazaron Su alto llamado y decidieron seguir su propio camino.

Cuando el pueblo de Israel rechazó el alto llamado de Dios y en su lugar exigió tener un rey y ser como todas las naciones, Dios le dijo a Samuel: «Oye la voz del pueblo en todo lo que te digan; porque no te han desechado a ti, sino a mí me han desechado, para que no reine sobre ellos.» 1 Samuel 8:7 (RVR 1960)

Más tarde, Dios dejó al rey Saúl e impartió Su unción sobre David.

«El Espíritu de Jehová se apartó de Saúl...» 1 Samuel 16:14 (RVR 1960)

Jesús advirtió a la iglesia de Éfeso que estaban en peligro de perder su lugar en el plan perfecto de Dios si no cambiaban sus caminos y regresaban a lo que ellos sabían que era mejor:

«Pero tengo contra ti, que has dejado tu primer amor. Recuerda, por tanto, de dónde has caído, y arrepiéntete, y haz las primeras obras; pues si no, vendré pronto a ti, y quitaré tu candelero de su lugar, si no te hubieres arrepentido.» Apocalipsis 2:4-5 (RVR 1960)

El apóstol Pablo entendió completamente que su lugar en el plan de Dios estaba asegurado siempre que continuara caminando en obediencia y sumisión a Dios: «Sino que golpeo mi cuerpo, y lo pongo en servidumbre, no sea que habiendo sido heraldo para otros, yo mismo venga a ser eliminado.» 1 Corintios 9:27 (RVR 1960)

Tenemos que darnos cuenta que el plan de Dios es mucho más grande que nosotros. Él nos está ofreciendo una oportunidad de ser parte de su gran plan para las generaciones. Podemos aceptar Su oferta o rechazarla, pero, si la rechazamos, Él continuará avanzando porque Su plan debe ser cumplido.

Veamos el panorama completo de lo que Dios está haciendo en la historia de la iglesia y dónde encajamos en Su plan.

La restauración de todas las cosas

La vida de Jesús fue la demostración máxima del amor y el poder de Dios en el ministerio, pero, después de Su ascensión, la Iglesia comenzó lentamente a perder vista de ello. Finalmente, la Iglesia perdió perspectiva de casi todo lo que el ministerio de Jesús representó y pasó a la Temprana Edad Media, ¡en la que incluso la Palabra de Dios misma se ocultaba de la gente, se leía sólo en latín y únicamente los líderes de la iglesia podían leerla!

Entonces, Dios comenzó a restaurar lo que la Iglesia perdió desde el tiempo del ministerio de Jesús. Lutero restauró la doctrina de la justificación por fe y la Biblia fue impresa y distribuida en el idioma común de la gente.

A través de los años, Dios ha trabajado para restaurar otros conceptos y doctrinas importantes: el arrepentimiento, el bautismo, la sanidad y los dones del Espíritu.

Mientras la Iglesia vivía este proceso lento de restauración de todas las cosas que se habían perdido desde el tiempo de Jesús, el mensaje predominante de la Iglesia cambió con el transcurso de los siglos, a la par con lo que Dios estaba restaurando en ese momento.

Por un tiempo, muchos predicadores como Charles Finney y Jonathan Edwards se enfocaban en mensajes sobre 'las llamas del infierno y el azufre'. El sermón más famoso de Jonathan Edwards se tituló: «Pecadores en las manos de un Dios airado». En ese tiempo, estos mensaje fueron exactamente lo que se necesitaba, pero esos mismos mensajes no tendrán la misma reacción hoy en día. En la actualidad, esos mismos mensajes probablemente produzcan rechazo en la gente e incluso hasta los *alejen* de Dios. ¿Por qué?

Dios pasó a otras cosas. No es que esos mensajes hayan dejado de ser verdad. Es que la necesidad que predomina hoy es otra.

Dios anunció una fase nueva en la restauración de todas las cosas cuando envió a Gabriel con un mensaje a Roland Buck en 1977 (Buck, Hunter, & Hunter). Es interesante que William Branham habló de la importancia de 1977 tiempo atrás, en 1933, cuando dijo que algo sucedería en 1977 que llevaría a la iglesia de la era de la 'Iglesia' a la era del 'Reino' (Branham). Ese mensaje está acorde con el corazón que he estado tratando de transmitir en este libro. También está acorde con el mensaje y ejemplo de Heidi y Rolland Baker. Finalmente, también concuerda con la experiencia de muerte de Bob Jones, cuando vio a Jesús hacerle a las personas sólo una pregunta antes de que entraran a su destino eterno: «¿Aprendiste a amar?» Todos estos mensajes concuerdan.

Y, finalmente, también es el mensaje que se encuentra en las Escrituras, especialmente en las palabras de Mateo 25:31-46, y en el ejemplo de la vida y el ministerio de Jesús.

Simplemente comience. Simplemente vaya.

Tal vez pensemos que no tenemos las cualificaciones para entrar a este alto llamado. A Dios no le importa eso. Él así lo prefiere. Es casi imposible para Dios usar a los sabelotodo.

Cuando Dios llamó a Abraham, Él le dijo que saliera. No fue importante que Abraham supiera todos los detalles sobre la travesía cuando él empezó.

> «Por la fe Abraham, siendo llamado, obedeció para salir al lugar que había de recibir como herencia; y salió *sin saber a dónde iba*.» Hebreos 11:8 (ESV)

Dios nos está ofreciendo Su llamado en este momento. Nuestra respuesta determinará si Él se queda con nosotros y nos usa para cumplir Sus más altos propósitos en este tiempo, o si continúa su paso...y presenta esta oferta a alguien más.

> «Porque muchos son llamados, y pocos escogidos.» Mateo 22:14 (RVR 1960)

Esto es lo que sucederá. Si elegimos responder a este llamado, por fe como lo hizo Abraham, no sabiendo exactamente lo que significará para nuestro futuro, Dios inmediatamente comenzará a hacer llover sus bendiciones sobre nosotros y nos guiará a las vidas más significativas y gratificantes que pudiéramos desear, mejor de lo pudiéramos imaginar.

«Antes bien, como está escrito: Cosas que ojo no vio, ni oído oyó, Ni han subido en corazón de hombre, Son las que Dios ha preparado para los que le aman.» 1 Corintios 2:9 (RVR 1960)

Por otro lado, si rechazamos esta oferta, sea diciendo «no» o haciendo absolutamente nada, Dios nos dará un tiempo de gracia relativamente corto para que cambiemos de manera de pensar y aceptemos Su llamado, pero luego Él continuará su paso y presentará esta oferta a alguien más.

«Entonces les contó esta parábola: "Un hombre tenía una higuera plantada en su viñedo, pero cuando fue a buscar fruto en ella, no encontró nada. Así que le dijo al viñador: "Mira, ya hace tres años que vengo a buscar fruto en esta higuera, y no he encontrado nada. ¡Córtala! ¿Para qué ha de ocupar terreno?" "Señor —le contestó el viñador—, déjela todavía por un año más, para que yo pueda cavar a su alrededor y echarle abono. Así tal vez en adelante dé fruto; sino, córtela." » Así que le dijo al viñador: "Mira, ya hace tres años que vengo a buscar fruto en esta higuera, y no he encontrado nada. ¡Córtala! ¿Para qué ha de ocupar terreno?"

"Señor —le contestó el viñador—, déjela todavía por un año más, para que yo pueda cavar a su alrededor y echarle abono. Así tal vez en adelante dé fruto; si no, córtela."» Lucas 13:6-9 (NVI)

Si eso sucede con nuestra iglesia local y Dios continúa su paso a otra iglesia, seremos reducidos a simples rutinas vacías, trabajando para continuar nuestros programas y tradiciones de la iglesia, pero sin vida alguna en todo esto.

Nos habremos reducido a servir programas vacíos de la iglesia.

> «Y al ver una higuera junto al camino, se acercó a ella, pero no halló nada en ella sino sólo hojas, y le dijo*: Nunca jamás brote fruto de ti. Y al instante se secó la higuera.» Mateo 21:19 (LBLA)

Cuando Jesús vino a evaluar esta planta, sólo encontró hojas. No encontró fruto. Cuando sólo encontró hojas, Él declaró juicio sobre la planta y siguió su camino; lejos de ella. Para entender el por qué reaccionó de esta manera, tenemos que entender el propósitos de las hojas y del fruto.

Las hojas hacen posible que la planta se alimente *por sí misma*, por medio de la fotosíntesis.

El fruto crece para alimentar a *otros*.

Siempre que Jesús evalúa una iglesia, si la encuentra con un enfoque completamente hacia adentro, alimentándose a sí misma, Su gracia eventualmente se irá e pasará a otra iglesia que esté buscando alcanzar a otros para suplir sus necesidades. La primera iglesia se secará y parecerá estar muerta.

A lo largo de la historia de la Iglesia, este ha sido el proceder de Dios. Comenzando con la Iglesia Católica en los 1500, cuando Dios vino a esa 'higuera' para evaluarla, la encontró enfocada hacia adentro, enriqueciéndose a sí misma y descuidando las necesidades de la gente. Cuando la Iglesia Católica se rehusó a ser reformada después de las amonestaciones de Martín Lutero y otros, Dios continuó su paso y prosiguió con la Reforma Protestante de los años 1500, dejando a la Iglesia Católica continuar con sus tradiciones y rituales, pero sin la vida vibrante de Dios.

¿Tiene aún Dios creyentes genuinos en la Iglesia Católica? ¡Por supuesto!

Considere el brillante ejemplo de la Madre Teresa. ¡Sus palabras hablan por sí mismas! (Teresa)

«Trato de dar a los pobres amor, lo que los ricos podrían conseguir por dinero. No, yo no tocaría a un leproso por mil libras esterlinas; sin embargo, voluntariamente lo curaría por el amor de Dios.»

«Mucha gente confunde nuestro trabajo con una vocación. Nuestra vocación es el amor de Jesús.»

«No debemos estar satisfechos con simplemente dar dinero. El dinero no es suficiente. El dinero se puede obtener, pero ellos necesitan que los ame de corazón. Así que, reparta amor donde sea que vaya.»

«Si queremos que se oiga un mensaje de amor, necesita ser enviado; Para hacer que una lámpara esté siempre encendida, no debemos de dejar de ponerle aceite.»

«Nosotros mismos sentimos que lo que estamos haciendo es tan solo una gota en el mar. Pero el mar podría ser menos si le faltara esa gota.»

«El amor intenso no mide, sólo da.»

«He descubierto la paradoja de que si amas hasta que duela no habrá más dolor, sólo más amor.»

«Esparza amor a donde sea que vaya. No debemos permitir que alguien se aleje de nuestra presencia sin sentirse mejor y más feliz.»

«El amor es un fruto que madura en todas las estaciones y que se encuentra al alcance de todas las manos.»

«El gozo es una red de amor para atrapar a las almas.»

«La mayor enfermedad no es la lepra ni la tuberculosis, sino más bien el no sentirse querido.»

«Una de las peores enfermedades es no ser nada para nadie.»

«El ser rechazado, no amado, no atendido, olvidado por todos, creo que es un hambre mucho mayor, una pobreza mucho más grande que el de la persona que no tiene qué comer.»

«Hay más hambre en el mundo de amor y aprecio que de pan.»

«La soledad y el sentimiento de rechazo son la más terrible pobreza.»

«A veces pensamos que la pobreza es tan sólo tener hambre, estar desnudos y sin techo. La pobreza de ser rechazado, no amado y no atendido es la mayor; necesitamos comenzar en nuestros propios hogares para remediarla.»

«Quiero que se preocupe por su vecino de al lado. ¿Conoce a su vecino?»

«El amor comienza en casa, y no es cuánto hacemos, pero cuánto amor ponemos en esa acción.»

«El amor comienza cuidando de los que están más cerca nuestro, de los que están en casa.»

«Toquemos al que muere, al pobre, al que está solo y al que no quiere nadie según las gracias que hemos recibido, y no nos avergoncemos ni nos retrasemos a la hora de realizar este humilde trabajo.»

«Se fiel a las pequeñas cosas, porque es en ellas donde radica tu fortaleza.»

«Si no puedes alimentar a 100 personas, entonces alimenta a una.»

«Cada uno de ellos es Jesús disfrazado.»

«Hoy pongo al cielo y a la tierra por testigos contra ti, de que te he dado a elegir entre la vida y la muerte, entre la bendición y la maldición. Elige, pues, la vida, para que vivan tú y tus descendientes.» Deuteronomio 30:19 (NVI)

¡Le insto a que elija aceptar el alto llamado de Dios!

Tome el paso de buscar decididamente la capacitación y preparación.

¡Busque oportunidades de ministerio que lo impulsen al alto llamado que Dios tiene para usted!

Libro 2: Sembrando y Cosechando

En el segundo libro de esta serie, «Sembrando y Cosechando», comenzaremos a examinar cada uno de los encuentros del ministerio de Jesús, ¡y a aprender cómo realmente hacer lo que Jesús hizo!

«La gracia del Señor Jesucristo, el amor de Dios, y la comunión del Espíritu Santo sean con todos vosotros. Amén.» 1 Corintios 13:14 (RVR 1960)

BIBLIOGRAFÍA

Addison, Doug (2005). *Prophecy, Dreams, and Evangelism: Revealing God's Love Through Divine Encounters.* (C. Blunk, E. Freeman, D. Kreindler, & M. Ballotte, Eds.) North Sutton, New Hampshire, USA: Streams Publishing House.

Addison, Doug (2005). *Prophetic Evangelism Workshop Student Guide.* Santa Monica, California, USA: InLight Connection.

Baker, Rolland, & Baker, Heidi (2003). *Always Enough: God's Miraculous Provision among the Poorest Children on Earth* (Reprinted ed.). Chosen Books.

Boyle, Gregory (2010-02-17). *Tatuajes en el corazón: El poder de la compasión sin límite (Spanish edition)* (p. 70). Free Press. Kindle Edition.

Branham, William (2006, July 30). *The Laodicean Church Age.* Extraído de WilliamBranham.com: http://www.williambranham.com/the_seven_church_ages/the-laodicean-church-age/

Buck, Roland, Hunter, Charles, & Hunter, Frances (1979). (1979). Ángeles en Asignación. Extraído de Ángeles en Asignación: http://angelsonassignment.org/pdf.

Buck, Roland, Hunter, Charles, & Hunter, Frances (2009-02-10). *Ángeles en misiones especiales (Spanish edition)*. Editorial Clie.

Carnegie, Dale (2010-03-09). *Cómo ganar amigos e influir sobre las personas (Spanish edition)*. Vintage Espanol; edición revisada.

Davis, Paul Keith (2011, August 20). *Paul Keith Davis: New Life Rice Lake*. (New Life Christian Church) Extraído de YouTube: http://www.youtube.com/watch?v=Rw54FBNWryc

Grady, J. Lee (n.d.). *Heidi Baker's Uncomfortable Message to America*. Extraído en July de 2013, de CBN.com: http://www.cbn.com/spirituallife/churchandministry/Charisma_Grady_HeidiBaker.aspx

Jackson, John Paul (2007, November 16). *Storms, Faith and the Miraculous*. Extraído de YouTube: https://www.youtube.com/watch?v=WZVwUVNyhJ8

Jones, Bob, & Warner, Sandy (n.d.). *Bob Jones' Testimony August 8, 1975 Death Experience*. Extraído de The Quickened Word: http://www.thequickenedword.com/rhema/BobJonesTestimonyAugust81975DeathExperience.htm

Scott, Darrell, Nimmo, Beth, & Rabey, Steve (2000). *Rachel's Tears: The Spiritual Journey of Columbine Martyr Rachel Scott*. Thomas Nelson Publishers.

Shah, Suraj (2013, March 31). *Understanding inappropriate behaviour*. Extraído de Live with loss: http://livewithloss.com/inappropriate/

Stafford, Tim (2012, May). Miracles in Mozambique: How Mama Heidi Reaches the Abandoned. *Christianity Today, 56*(5).

Teresa, M. (n.d.). *Frases de Madre Teresa* Extraído de: http://www.proverbia.net/citasautor.asp?autor=971

Teresa, M. (n.d.). *Frases de Madre Teresa* Extraído de: http://www.literato.es/pensamientos_madre_teresa _de_calcuta/

Teresa, M. (n.d.). *Frases de Madre Teresa* Extraído de: http://www.recursoscatolicos.com.ar/Frases/madrete resa.htm

Velu, Eric (Producer), Velu, Eric (Writer), & Velu, Eric (Director). (2004). *Mama Heidi* [Motion Picture].

SOBRE EL AUTOR

Alan Drake es un educador profesional con más de 25 años de experiencia en educación pública. Alan cuenta con una Licenciatura en Educación Primaria de Dallas Baptist University, y una Maestría en Administración de la Educación de East Texas State University.

Además de su carrera, en la iglesia Alan ha servido como líder en el ministerio de jóvenes, ministerio de edad universitaria y profesional, ministerio de ayuda, misiones y enseñanza. Ha dirigido y participado en eventos misioneros y campañas en Norte América y Europa, iglesias, festivales, calles, restaurantes, centros comerciales, conferencias, talleres, durante viajes en transporte público y en diversas situaciones diarias.

Alan es un exponente cautivador y maestro. Ha enseñado cursos y llevado a cabo talleres, reuniones de iglesia y sesiones de conferencias en Norte América y Europa. Alan reside actualmente en Dallas, Texas.

Para más información

Haciendo las obras de Jesús
Cursos, conferencias y capacitación

Se ofrecen cursos, conferencias y capacitación para preparar a los creyentes para Hacer las obras de Jesús. Estas oportunidades de aprendizaje son dirigidas y enseñadas por Alan Drake y otros ministros con experiencia y conocimiento en Hacer las obras de Jesús. Alan Drake trabaja con los líderes y ministros anfitriones para personalizar estas sesiones a fin de abordar mejor las necesidades de los participantes dentro de los límites de tiempo que existan.

Por lo general, las sesiones incluyen instrucción interactiva, usando una variedad de medios de presentación, demostraciones, oraciones de impartición, actividades prácticas y retroalimentación.

Estas sesiones se ofrecen de forma limitada a grupos de cualquier tamaño. La disponibilidad es limitada debido a la agenda de trabajo y otros compromisos de Alan Drake.

Pedidos al por mayor

Se ofrecen precios especiales para pedidos al por mayor en diversos volúmenes de *Haciendo las obras de Jesús*. Para más información, visite:
www.spiritofwisdompublications.com.

Comuníquese con el autor

Para más información sobre clases de seguimiento, capacitación práctica o para programar a Alan Drake como exponente, comuníquese con el autor:

Alan Drake
c/o Spirit of Wisdom Publications
PO Box 180216
Dallas, TX 75218
Correo electrónico:
alan@spiritofwisdompublications.com
Web: www.spiritofwisdompublications.com
Facebook: www.facebook.com/alandrake
Twitter: www.twitter.com/alandraketweets

www.ingramcontent.com/pod-product-compliance
Lightning Source LLC
Chambersburg PA
CBHW071856020426
42331CB00010B/2533